멋진 인생의 조건

THE ONE MINUTE MANAGER BALANCES WORK AND LIFE
Authorized translation from the English language edition,
entitled ONE MINUTE MANAGER BALANCES WORK AND LIFE, THE, 1st Edition,
ISBN: 0688168507 by BLANCHARD, KEN; EDINGTON, D. W.; BLANCHARD, MARJORIE,
published by William Morrow and Company, Inc.
Copyright ⓒ 1986 by Blanchard Management Corporation

All rights reserved.
No part of this book may be reproduced or transmitted in any form
or any means, electronic or mechanical, including photocopying,
recording or by any information storage retrieval system,
without permission from Pearson Education, Inc.

KOREAN language edition published BOOK21 PUBLISHING GROUP,
Copyright ⓒ 2011
KOREAN translation rights arranged with PEARSON EDUCATION, INC.,
through KOREA COPYRIGHT CENTER, SEOUL KOREA.

이 책은 (주)한국저작권센터(KCC)를 통한 저작권자와의 독점계약으로
(주)북이십일에서 출간되었습니다.
저작권법에 의해 한국 내에서 보호를 받는 저작물이므로 무단 전재와 복제를 금합니다.

켄 블랜차드의 행복한 1분 경영 노트

멋진 인생의 조건

켄 블랜차드, D. W. 에딩턴, 마조리 블랜차드 지음
노지양 옮김

추천사

나는 켄 블랜차드가 '켄 블랜차드의 행복한 1분 경영 노트' 시리즈의 영역을 건강과 피트니스 분야로까지 넓혔다는 소식을 듣고 무척 기뻤다. 공동 저자인 D. W. 에딩턴과 마조리 블랜차드도 바쁘게 살아가는 이 시대의 남녀를 위해 '건강한 몸에 건강한 정신이 깃든다'라는 올림픽 정신을 아주 쉽게 정리해주었다. 켄이 경영의 개념을 소개할 때면 늘 그렇듯이 이 책 또한 건강과 피트니스 분야에 대해 아주 읽기 편하면서도 명료하게 설명하고 있다.

두 번째로 인상 깊었던 점은 그가 건강과 피트니스의 중요성을 역설하면서 그것을 성취하기 위해서는 어떤 핑계도 대지 말아야 함을 강조했다는 것이다. 당연한 말이지만, 물리적으로 아무리 바쁘고 상황이 어려워도 자신과의 약속을 지켜야만 눈에 보이는 결과가 생긴다.

그리고 마지막으로 의사이자 피트니스 분야의 전문가라고 할 수 있는 내가 볼 때도 이 책 《멋진 인생의 조건》에 담긴 의학적인 조언이 굉장히 정확하고 적절하다는 사실을 강조하고 싶다. 그러니 독자들은 이 책의 내용을 100퍼센트 믿고 즐거운 독서에 빠져도 좋다. 물론 이 책에 나오는 개념을 당장 오늘부터 적용하는 것이 더 중요하지만 말이다.

그렇게만 한다면 여러분의 인생이 한 차원 더 높아지면서 사회적, 개인적으로 최고의 성취감을 맛볼 수 있을 것이다.

– 어빙 I. 다딕
미국 올림픽위원회 스포츠의학협회 회장

들어가는 말

'켄 블랜차드의 행복한 1분 경영 노트' 시리즈의 한 권인 이 책의 출간을 개인적으로 무척 기쁘게 생각한다. 이 세상에 확실한 것은 단 세 가지밖에 없다는 말이 있다. 바로 죽음, 세금, 변화다. 이런 세상에서는 모두가 어떻게 살아야 하는지 몰라서 난처해하며 누군가에게 도움을 받고 싶어 한다.

이 책의 주인공인 1분 경영자는 세 명의 특별한 인연을 만난다. 가장 먼저 만난 사람은 그에게 가르침을 주고자 하는 대학 교수다. 교수와 대화하는 과정에서 1분 경영자는 생활의 균형을 찾고 스트레스를 조절하고 싶다면 건강해야 하며, 그러기 위해서는 지금 당장 움직여야 한다는 사실을 알게 된다. 그리고 육체적인 건강을 유지하기 위해 노력하면 생활에도 변화가 찾아온다는 것을 깨닫고 회사에 건강 증진 프로그램을 도입해 직원의 만족도와 성취도를 향상시키기도 한다. 또한 건강한 사람들은 스스로에 대해서 좋게 생각할 뿐만 아니라 어떤 일을 하든 더 나은 결과를 창출함을 몸소 체험하고, 이를 주변 사람들에게 전파한다.

여러모로 이 책은 내 자신의 이야기다. 스펜서 존슨과 공동으로 집필한 1분 경영자 시리즈가 엄청난 성공을 거두면서 일이 너무 많이 밀려드는 바람에 내 몸은 상당히 망가졌다. 특히 살이 많이 쪘는데, 약 180센티미터의 작지 않은 키에도 불구하고 몸무게가 110킬로그램에 육박해서 굴러다니는 '땅딸보'처럼 보였다. 게다가 30미터만 뛰어도 숨이 가빠 죽을 지경이었다. 다시 말해 그 시절의 나는 이 책의 주인공이었다. 나는 이 책을 집필하면서 건강한 라이프 스타일을 유지하는 일이 생각보다 훨씬 더 어렵다는 사실을 절실히 깨달았다.

나는 이 책을 쓰면서 피트니스 센터에 다니며 내 자신을 돌보게 되었다. 그리고 내 인생에 있어 굉장히 중요한 두 사람에게 함께 프로젝트를 진행하자고 제안했다. 먼저 나의 오랜 친구이자 동료이며, 체육교육 분야의 박사 학위를 받고 미시건대학 건강관리 리서치 센터의 교육부장으로 10년 넘게 재직해온 D. W. 에딩턴과, 커뮤니케이션을 공부하고 건강 증진과 라이프 플래닝, 스트레스 조절, 리더십 분야의 전문가로 〈포춘〉 500대 기업에서 20년 넘게 컨설팅을 해온 내 아내 마조리 블랜차드에게 구원 요청을 한 것이다.

에딩턴과 마조리는 우리의 건강을 증진시키기 위한 노력이 우선되어야 스트레스를 쉽게 조절하고 생활의 균형을 찾을 수 있다고 말했다. 그리고 이들은 내가 1분 경영자를 편하게 두어서는 안 되며 무슨 수를 써서라도 그가 건강을 회복하려고 노력하게 만들어야 한다고 설득했다.

건강의 중요성을 강조하는 책은 이미 시중에 많이 나와 있다. 건강에 대한 전문 지식을 갖춘 이들도 많다. 하지만 나는 독자들이 《멋진 인생의 조건》을 읽고 이미 아는 지식을 반드시 실천으로 옮겨야 함을 제대로 인식하기 바란다. 그리고 이 책을 가정이나 직장에서 공유하고 그들과 함께 변화를 일구어가길 진심으로 바란다.

— 켄 블랜차드

• 차례 •

추천사 • 4

들어가는 말 • 6

1 과열의 조짐 • 15
2 뜻밖의 전화 • 19
3 1분 경영자, 건강을 의심하다 • 22
4 당신은 스트레스를 관리하십니까? • 28
5 스트레스 중재자 • 32
6 자율성, 유대감, 균형감, 건강 상태 • 36
7 도미노 효과 • 43
8 건강, 멋진 인생을 위한 조건 • 45
9 1분 경영자, 자신의 생활을 돌아보다 • 49
10 건강한 삶을 위한 12가지 질문 • 51
11 건강한 삶은 선택의 결과다 • 58
12 웰니스(wellness) • 67
13 누구나 건강을 원한다 • 74
14 건강위험평가 • 76
15 현재의 상태를 체크하라 • 83
16 혹사하지 말고 운동하라 • 87

17 1분 경영자, 건강한 회사를 만나다 • 93
18 건강한 일터의 삼단논법 • 95
19 직장인의 건강 문제는 현실이다 • 98
20 일터에 건강관리를 도입하면 • 101
21 진정한 변화를 위한 조언 • 104
22 계획은 쉽고 실천은 어렵다 • 128
23 회사의 미래를 위한 투자 • 130
24 처음 운동을 시작할 때 • 134
25 1분 경영자, 실천을 꾀하다 • 142
26 코치를 받아라 • 149
27 피드백은 챔피언의 아침이다 • 154
28 고독한 운동, 무너지는 다이어트 • 159
29 자신의 변명을 이겨라 • 163
30 1분 경영자, 드디어 해내다 • 166
31 스스로 코치가 되기 • 174
32 건강하고 멋진 인생을 전파하라 • 176

이 그림은 1분 경영자의 상징으로

하루에 1분만이라도 같이 일하는 사람의 얼굴을

진지하게 살펴보아야 한다는 점을 상기시킨다.

결국 사람이 우리의 가장 중요한 자산이다.

뜻밖의 전화

1분 경영자가 아내의 말에도 일리가 있다는 생각을 하고 있는데 구내전화가 울렸다.

"어떤 대학의 교수님이 전화하셨는데요. 꼭 전할 말씀이 있답니다."

비서가 말했다.

"용건이 뭔지 아나?"

"구체적으로 무슨 뜻인지는 잘 모르겠지만, 사장님께 그분의 도움이 '필요하다'고 말씀하셨어요."

"나한테 그 사람이 필요하다고?"

그가 중얼거렸다. 호기심이 동한 그는 전화기를 들었다.

"안녕하십니까. 제가 도와드릴 일이 있나요?"

그러자 그 교수가 대답했다.

"네, 그럼요. 하지만 제 생각엔 제 쪽에서 사장님을 더 많이 돕게 될 것 같은데요."

"물론 그럴 수도 있죠."

대답은 이렇게 했지만 1분 경영자는 의외의 대답에 조금 놀랐다.

"하지만 저한테 또 다른 일을 제안하시는 거라면 당장은 좀 힘듭니다. 지금도 할 일이 넘쳐나거든요."

"잘 압니다. 그래서 전화한 겁니다. 이번 주에 언제 시간 되세요?"

교수가 물었다.

"사실 얼마 전까지만 해도 이런 말을 들으면 '이번 주 언제에 시간이 됩니다' 하면서 바로 약속을 잡았는데요. 요즘은 제가 몸이 두 개라도 모자라서 말이죠. 이번 주 스케줄은 이미 꽉 차 있고 다음 주에는 출장을 가거든요. 그리고 솔직히 지금 당장 새로운 아이디어를 듣거나 프로젝트를 맡을 여유가 없습니다."

"아, 그렇군요. 안타깝네요. 하지만 사람들한테 앞만 보지 말고 자기의 라이프스타일을 한번 돌아보라고 이야기해 봤자 실천을 하지 않더라고요. 제가 몇 주 후에 전화 드리면 어떻겠습니까?"

"그럼 그렇게 하시죠. 당장 급한 일들을 처리하고 나면 몇 주 후에는 시간이 날 겁니다."

대답은 그렇게 했지만, 그 후 열흘 동안 1분 경영자는 교수의 전화에 대해 까맣게 잊고 살았다.

1분 경영자,
건강을 의심하다

어느 토요일에 일어난 일이다. 1분 경영자 부부는 친구들과 밤늦게까지 브리지(bridge, 카드놀이의 일종)를 하다가 집에 늦게 들어오는 바람에 12시가 넘어서야 잠자리에 들었다. 새벽 3시 30분, 1분 경영자는 가슴에 심한 통증을 느꼈다. 그리고 속이 쓰려 도저히 잠을 이룰 수가 없었다. 일어나서 화장실에 갔다가 집 안을 여기저기를 돌아다녀도 속은 전혀 가라앉지 않았다.

"아까 저녁에 뭘 잘못 먹었나?"

1분 경영자는 애써 별것 아닌 일로 넘기려 했다. 하지만 몇 주 전 걸려온 한 교수의 전화와 찰리의 죽음이 떠올랐다. 절친한 친구였던 찰리는 작년 여름에 갑자기 세상을 떠났다. 고작 마흔두 살인 그가 세상을 떠나자 모두가 깜짝 놀랐었다. 부정적인 생각을 지우려고 애쓰고 있는데 아내 앨리스가 침대에서 일어나며 물었다.

"여보, 무슨 일 있어요?"

"아니, 아무것도 아니야."

"새벽 4시에 잠에서 깨서 집 안을 어슬렁거리는데 아무것도 아니라고요? 그 말을 믿기엔 당신과 너무 오래 살았어요. 자, 속 시원히 털어놔요."

"소화가 안 되는지, 여기가 꽉 막힌 것처럼 답답해서……."

"어디요?"

"으응. 여기."

1분 경영자는 가슴 한가운데를 손가락으로 가리켰다.

"여기는 소화 기능을 하는 곳이 아닌데? 당신 잠깐 침대에 앉아봐요. 나 할 말 있어."

"또 건강이 어쩌고 생활 습관이 어쩌고 일장 연설하려고? 지금은 좀 듣기 싫은데……."

"그런 게 아니라, 그냥 내 부탁 하나만 들어줘요."

앨리스가 말했다.

"뭔데?"

1분 경영자는 그제야 편한 마음으로 침대에 걸터앉으며 물었다.

"여보, 지난번 어떤 책에서 보니까 심장마비 환자들은 첫 번째 증상이 나타난 다음 평균 6시간이 지난 다음에 병원을 찾는대요. 그런데 그중 50퍼센트는 그때쯤이면 이미 상태가 악화되어 어떻게 해보지도 못하고 죽는다더군요. 내 부탁이 뭐냐면, 지금 당장 함께 응급실에 가서 진찰을 받아보자는 거예요. 정말 단순한 소화불량이라면 집에 와서 발 뻗고 자면 되는 거고 손해 볼 거 없잖아요. 진찰받는 데 기껏해야 45분밖에 걸리지 않을걸요."

"지금 무슨 소리 하는 거야? 당신, 오버하는군. 이런 게 심장마비는 아니지."

1분 경영자는 황당한 표정을 지으며 반박했다.

"그래요, 약간 오버긴 하죠. 그래서 내가 부탁이라고 했잖아요. 당신이 아니라 나를 위해서 그렇게 해줘요, 네?"

1분 경영자는 자신도 속으로는 걱정하고 있다는 사실을 들키지 않으려고 애써 담담한 척 말했다.

"그렇게 간절히 부탁하니까 그러지 뭐. 귀찮지만 당신을 위해서 해주는 거야."

"고마워요. 이 은혜는 다음에 꼭 갚을게요."

"내 기억력 알지?"

1분 경영자가 웃으며 말했다.

둘은 가까운 병원 응급실로 향했다. 마침 대기 환자가 별로 없어서 바로 진찰을 받을 수 있었다.

진료실에 들어가기 전, 그의 머릿속에는 별별 생각이 다 스치고 지나갔다. 콕콕 쑤시고 속이 더부룩한 증상이 여전했기에 걱정이 된 그는 어린아이처럼 기도했다.

"이번 위기만 가볍게 넘겨주세요. 그러면 앞으로 진짜 엄마 말씀 잘 듣고 공부 열심히 하고 착하게 살게요."

의사는 그의 혈압을 체크하고 청진기로 몸의 여기저기를 눌러보면서 질문을 했다. 그런 다음 혹시 모르니 심전도 검사를 해봐야겠다고 말했다. 1분 경영자는 심전도를 검사를 받을 때의 느낌을 떠올리고는 얼굴을 찌푸렸다. 간호사들이 전극을 몸에 부착할 때면 가슴에 난 털들이 이리저리 쏠리고 전극을 제거할 때는 털이 마구잡이로 뽑히기도 한다.

진찰을 끝낸 의사는 아직 특별한 이상은 없지만 그래도 이렇게 병원에 와서 검진을 받아서 참으로 다행이라고 말했다. 자기만은 건강하다고 철석같이 믿던 사람들이 병원에서 진단을 받은 후 하루아침에 중환자가 되는 일이 비일비재하기 때문이다.

한숨을 놓은 1분 경영자는 집으로 오는 길에 아내에게 말했다.

"지난번 출장을 가기 전에 피트니스 센터를 운영한다는 한 교수에게 연락이 왔었어."

"그래요?"

"지금의 나에게 꼭 필요한 정보를 갖고 있다고 하더군.

이번 주에 한번 전화해볼까 하는데……."

"그러게요. 왜 전화했는지 궁금하네요."

앨리스가 대답했다.

1분 경영자는 월요일에 출근하자마자 교수에게 전화를 걸었고, 수요일에 만나기로 약속을 잡았다.

당신은 스트레스를 관리하십니까?

 수요일 아침, 교수가 1분 경영자의 사무실을 방문하기로 한 날이다. 1분 경영자는 책상에 차분하게 앉아서 교수를 기다렸다. 교수가 도착하자 그는 웃으면서 인사를 건넸다.

 "안녕하세요, 교수님. 드디어 이렇게 뵙네요."

 "그러게 말입니다. 먼저 전화해주셔서 감사합니다."

 "별 말씀을요. 몇 주 전에는 바빠서 제대로 말씀을 듣지도 못하고 전화를 끊었어요. 죄송합니다. 저와 공유하고 싶은 생각이 있다고 하셨는데요. 어떤 건지 굉장히 궁금하더군요."

"먼저 한 가지 질문을 드려도 될까요?"

"얼마든지요."

"스트레스에서 해방되면서도 최고로 성공하기를 원하세요?"

"그거야 당연하죠. 그런 걸 원치 않는 사람도 있을까요?"

1분 경영자는 잠시 자신의 상황을 생각하다가 말을 이었다.

"하지만 그건 솔직히 현실성이 없는 이야기 같아요."

"그래요. 만약 스트레스가 전혀 없는 세계를 꿈꾸는 사람이 있다면, 이 세상을 떠나는 수밖에 다른 도리가 없겠죠?"

"그러니 피할 수 없으면 즐기란 말이 있잖습니까. 스트레스를 거부하거나 두려워하지만 말고 잘 관리하는 게 상책인데 말이죠."

1분 경영자가 웃으며 말했다.

"그렇습니다. 사실 스트레스 자체를 좋다 나쁘다 평가할 수는 없어요. 그걸 어떻게 다루는지가 중요하죠. 사장님은 스트레스를 어떻게 풀고 계세요?"

"그래도 전반적으로 잘 대처하고 있는 것 같은데요. 사실 마감 날짜를 지켜야 하거나 누군가의 인정을 받아야 하는 등 약간의 스트레스가 없으면 오히려 일이 그만큼 안 되는 편입니다."

"그러면 현재는 스트레스 관리를 어떻게 하고 계세요?"

"요즘에는 살짝 무리가 갔던 것 같아요. 스트레스를 많이 받았거든요. 사실 성공하면 스트레스를 받지 않을 줄 알았어요. 실패가 스트레스인 줄로만 생각했죠."

"성공 가도를 달리고는 있지만, 어쩌면 그 성공으로 죽을 수도 있다고 생각하시는 건가요?"

교수가 단호한 표정으로 물었다.

"맞아요. 회사에서 저의 1분 경영관을 차용하고, 이것이 좋은 성과를 거두면서 대외적인 활동이 늘어났거든요. 그런데 나 자신이나 가족을 위해서는 전혀 시간을 낼 수가 없네요."

"사실 상황이 그렇다고 듣고 제가 전화를 드렸습니다. 어쩌면 제가 당신을 도울 수도 있을 것 같아서요."

"어떤 도움인지 알 수 있을까요?"

"저는 웰니스(wellness, well-being과 fitness의 합성어-역자 주)라는 개념을 연구하고 있습니다. 사람들은 스트레스의 양이 일의 성과와 직접적인 관계가 있다고 믿어왔죠."

"최근에도 그 관계가 증명되지 않았나요?"

"그렇습니다. 어느 정도까지는 스트레스가 생산성에 긍정적인 역할을 한다고 알려져 있죠. 그런데 그 정도라는 것이 사람에 따라 다 다릅니다. 그 지점을 넘어서면 스트레스가 높아져도 생산성이 올라가지 않아요. 이때부터는 스트레스를 받으면 일이 잘 풀리지 않기 시작하죠."

"그렇게 되면 '번아웃(burnout, 심신 에너지의 소진-역자 주)'되는 건가요?"

"그래요. 그 단어는 스트레스와 연관되어 쓰이는 경우가 많죠."

"사람들이 그 상태까지 가는 이유가 뭔가요?"

1분 경영자는 무척 궁금해졌다.

5

스트레스 중재자

교수는 잠시 1분 경영자를 바라보다가 번아웃에 대해 설명하기 시작했다.

"어느 정도의 수준을 넘어서 스트레스를 받으면, 압박감과 긴장감이 기하급수적으로 높아집니다. 마음과 몸이 스트레스에 거부감을 느끼기 시작하는 거죠. 이 스트레스와 압박감은 직장에서뿐만 아니라 집에서도 늘어날 수 있어요. 즉, 이 두 가지가 함께 증가하면 일의 성취도가 크게 떨어지고 결국 건강에도 매우 부정적인 영향을 미치게 되죠."

"너무 스트레스가 적어서 문제인 경우도 있습니까?"

"물론 집과 일터 등 어떤 곳에서도 전혀 자극을 받지 않는 경우도 있어요. 이처럼 자극도, 동기도 없고 무기력해지는 상태를 '러스트 아웃 증후군(Rustout Syndrome, 무기력증-역자 주)'이라고 부릅니다."

"그렇다면 적당한 스트레스를 받고, 압박감은 최소화하는 것이 최대의 생산성을 기록하는 방법이겠네요."

1분 경영자가 말했다.

"예전에 비행기에서 잡지를 보다가 '당신의 스트레스 지수는?'이란 기사를 읽었는데요. 배우자의 죽음이나 해고처럼 각각의 사건에 따라 스트레스 지수가 모두 다르더군요."

"하지만 우리가 스트레스를 받는 사건들이 전부 부정적인 것만은 아니죠."

교수가 말했다.

"맞아요. 결혼이나 승진처럼 어떤 것들은 굉장히 긍정적이기도 해요."

"당신의 스트레스 지수는 어떤가요?"

"지금 이 순간은 낮은 편입니다. 이제까지는 성공을 향해

달리는 것이 좋았고, 버티기 어려울 정도는 아니었어요. 하지만 요즘에는 달라졌다고 느껴요. 승진을 하니 새로운 책임과 의무가 많이 따르고, 출장도 잦아서 도시와 호텔을 전전하다 보니 몸에 무리도 오네요. 그리고 여기저기서 강연 요청이 들어오고요. 전에 강연을 해본 적이 없어서 강단에 설 때마다 엄청 긴장이 되곤 하죠. 또 사람들이 아무 때나 전화해서 제게 조언을 해달라고 부탁합니다. 이런 식으로 살면 제 몸이 버텨낼 수 있을까요?"

"어떨 것 같으세요?"

"교수님 이야기를 듣다 보니 스트레스와 건강에 대해 달리 생각하게 되네요. 스트레스와 중압감이 너무 심해지면 몸도 이전과 똑같을 수는 없을 거란 생각이 드니까요."

"제 경험으로도 확실히 그렇습니다. 스트레스는 위궤양과 심장마비를 유발하고 더 나아가면 암의 원인도 되죠. 평소 주변에 스트레스와 중압감을 관리할 수 있는 장치를 마련해두어야 합니다. 위험이 닥치기 전에 자기 보호를 할 필요가 있는 거죠."

교수는 1분 경영자에게 작은 종이를 건네며 말했다.

"여기 스트레스와 중압감을 완화할 수 있는 4가지 방법이 있습니다."

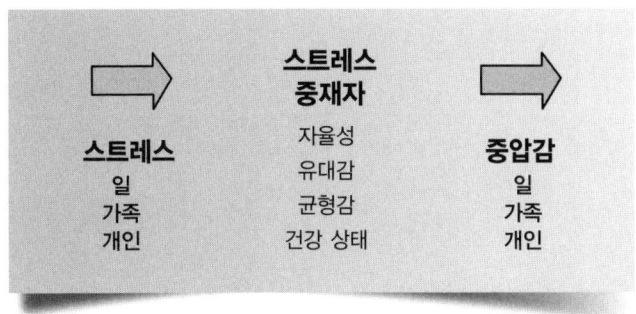

자율성, 유대감, 균형감, 건강 상태

1분 경영자가 종이를 보고 나서 얼굴을 들자 교수가 설명했다.

"말했지만 가정이나 직장에서 스트레스가 증가하면 중압감이 커집니다. 스트레스와 중압감이 점점 쌓이면 결국 병이 들죠. 자율성, 유대감, 균형감, 건강 상태라는 이 4가지 완화 장치의 상태가 좋으면 스트레스가 중압감으로 변하지 않을 수 있습니다. 재미있는 사실은 이 4가지가 세상을 다 가진 듯이 느껴지는 인생의 전성기에 필요한 삶의 조건과 일치한다는 겁니다."

"스트레스를 완화시키는 4가지 스트레스 중재자에 대해 좀 더 알고 싶습니다."

1분 경영자가 말했다.

"첫 번째는 **자율성**입니다. 자신의 인생에 닥친 여러 가지 문제를 스스로 해결하고자 노력하고, 스스로의 생활을 잘 조율해나갈 때 자율성이 높아집니다. 즉, 이렇게 살다 보면 하루하루가 사회적, 개인적 목표에 한 발짝씩 더 가깝게 다가가는 과정이 되는 셈이죠.

"그러니까 자신의 인생이 직장이나 상사, 배우자에 의해 지배되지 않는 느낌인 거죠?"

1분 경영자가 말했다.

"맞습니다. 자율성은 보통 주말이 아닌 평일, 특히 나 혼자만의 자유 시간에 느끼게 되는 감정입니다. 취미 활동을 하거나 사색할 때 느껴지는 소소한 만족감부터 어디에 가고 무엇을 할지 내가 선택할 수 있다는 자유, 또 내가 원하기만 하면 여기서 한 계단 더 올라갈 수 있는 기술과 자격을 갖추었음을 스스로 안다는 뜻이죠."

"아, 자율성이 어떻게 스트레스를 조절하는지 알 것 같네요. 다음은 뭐죠?"

1분 경영자가 물었다.

"**유대감**입니다."

교수가 말했다.

"다른 사람들과 강한 유대감을 형성한 이들은 집이나 직장, 지역사회 등 어디에서도 안정감을 느낄 수 있습니다. 그리고 자신이 행복한 삶의 조건에 잘 맞춰서 살고 있다고 생각하죠."

"직장에서 내가 환영받는다는 느낌, 내가 여기에 꼭 필요한 사람이라는 느낌이 얼마나 중요한지 압니다. 또 내가 속한 커뮤니티 안에 속마음을 털어놓을 친한 동료나 친구가 있어도 훨씬 살맛이 나죠. 실은…… 아내인 앨리스가 요즘 좀 울적한가봐요. 직장을 옮기면서 이사를 하는 바람에 예전 친구들과 멀어졌거든요. 아직 모든 게 낯선 데다 혼자 있는 시간이 많으니까요. 어제는 혼자 산책을 하고 있는데 주부로 보이는 한 여자가 커피 잔을 들고 걸어가는 모습을 보고 이상하게 눈물이 났다고 하더군요. 옆집에 놀러가는 게 확실해 보였다나요. 아직 친한 이웃이 없어서 그런지 굉장히 외로워해요."

"저도 그런 느낌을 잘 압니다. 주말 내내 집을 비웠는데 아무도 내가 주말 동안 어디에 갔었는지, 집에 언제 돌아왔는지 모를 때 그런 느낌을 받죠. 환영받지 못하는 이의 쓸쓸함이랄까요."

"새로운 사람들과 친해질 때, 자신에 대해 더 잘 알게 될 때, 집이 따뜻하고 편안하게 느껴질 때, 우리의 유대감이 커지는 것 같습니다. 그렇다면 스트레스를 완화시키는 세 번째 중재자는 뭐죠?"

1분 경영자가 물었다.

"세 번째 중재자는 **균형감**입니다. 이것은 삶의 의미와도 관련이 있어요. 나의 열정과 목표, 내가 추구하는 삶의 방향과 그것들을 위해 내가 무엇을 하고 있는지 아는 거죠."

"균형감이 있으면 일이 내 뜻대로 풀리지 않을 때마다 좌절할 필요는 없겠네요."

"그렇죠. 내가 늘 그려온 인생의 큰 그림이 있으면 일상에서의 평범하고 사소한 스트레스는 비교적 가볍게 넘길 수 있는 겁니다. 필요할 때는 '동물원 상상'을 해보면 되죠."

"동물원 상상이요?"

1분 경영자가 물었다.

"우리 아이들이 어렸을 때 같이 동물원에 갔다가 생각해낸 단어인데요. 아이들은 동물원을 무척 좋아하지만 부모인 저한테는 막상 가면 고생만 하는 곳이죠. 동물원에 가면 아이들 뒤꽁무니를 따라다니면서 이래라저래라 하느라 지치니까요. 사실 머릿속으로 동물원 풍경을 그려보면 굉장히 평화로워요. 아이들은 절 귀찮게 하지도 않고 동물을 구경하면서 잘 따라다니죠. 하지만 정작 애들을 동물원에 데려가면 엄마 아빠는 계속 너무 멀리 가지 마라, 이거 하지 마라 소리를 지르게 됩니다. 아이들과 재미있게 놀고, 아빠와 함께 있으면 재미있다는 느낌을 주고 싶었는데 말입니다. 그래서 생각했죠. '아, 동물원에서 일어나는 크고 작은 귀찮은 일들은 그냥 그런가 보다 하고 넘기고 그날 자체를 즐겨야겠다.' 가서 잘 놀고 오는 게 제 목표고 그게 제가 그린 그림이니까요."

"그러니까 균형감이라는 것은 우리가 가고 있는 곳에 대해서 좋은 감정을 가지고 바라본다는 뜻도 되겠네요. 그러면 오늘 하루를 돌이켜볼 때 나쁜 것보다 좋은 것을 더 잘 기억하게 되고요. 또 그만큼 더 특별한 의미를 갖게 되겠죠."

"맞습니다. 균형감이 높으면 점점 더 보람 있게 살 수 있습니다."

"네 번째 중재자는요?"

"**건강 상태**입니다. 오늘 당신의 몸 상태는 어떻습니까? 에너지가 넘치는 것 같습니까? 당신의 건강과 외모에 몇 점을 주겠습니까? 사람들이 자신의 전성기에 대해 이야기할 때 빠지지 않는 것이 그때의 외모와 건강에 대한 자랑입니다. 지금보다 5킬로그램은 날씬했다, 몸매가 끝내줘서 다들 쳐다봤다 등등. 그런 사람들은 분명 과거에 운동, 식생활 조절 등으로 건강관리를 했을 겁니다. 몸 상태의 좋고 나쁨은 확실히 그 사람의 자존감에 지대한 영향을 미쳐요. 건강하다는 사실만으로 저절로 스트레스가 감소되니까요."

"그러면 제 몸이 바람직한 상태가 아니란 건 몇 분 만에 아셨겠죠?"

이렇게 물은 1분 경영자는 잠시 뜸을 들이다가 다시 말을 이었다.

"요즘 제 배에는 축구공 하나가 들어가 있는 것 같아요. 체력은 말도 마세요. 지난번엔 골프를 치다가 숨이 차서 죽을 뻔했어요. 카트(cart, 골프장에서 쓰이는 이동용 수레-역자 주)가 없었거든요."

"솔직하게 말해주시니 감사합니다. 건강 상태가 나아지면 스트레스가 줄어들고, 삶을 대하는 태도가 완전히 달라질 수 있습니다."

"그럴 것 같아요. 말씀하신 4가지 스트레스 중재자는 마치 '도미노' 같네요."

도미노 효과

교수는 재미있다는 표정을 지으며 그에게 물었다.

"도미노라니, 그게 무슨 뜻인가요?"

"4가지 중재자 중 하나가 쓰러지면 다른 것도 죄다 넘어지는 거죠."

"아, 그걸 도미노 효과라고는 생각하지 못했네요. 하지만 충분히 납득이 갑니다. 예컨대 갑자기 일이 늘어나서 시간과 자율성이 같이 줄어들기 시작하면 주변 사람들과의 관계도 조금씩 삐걱거리겠죠. 그러면 직장에서도 집에서도 힘이 들 거고요. 그러다 보면 자신이 처한 환경에 대해 자꾸만 불만이 쌓이겠죠."

"그러면 균형감도 잃겠군요. 내가 지금 무엇을 하고 있고 어디로 가는지 잘 보이지 않으니까요."

1분 경영자가 말했다.

"그렇죠. 그러다 보면 하루하루 견딘다는 기분으로 살게 되고, 먹는 걸로 스트레스를 풀기 쉽습니다. 운동할 생각조차 하지 않고요. 모든 게 엉망이 되고 말죠."

"저도 그랬어요. 저한테 좋은 기회가 많이 찾아와서 한편으로는 신이 났지만 다른 한편으로는 나를 잃어가는 것 같았어요. 특히 가족에게 소홀하게 되더군요. 뭐, 나도 열심히 사니까 이해해주겠지 하면서 가족을 방치하는 거죠."

건강,
멋진 인생을 위한 조건

교수는 고개를 끄덕였다.

"그러게 말입니다."

"하루하루 열심히 일하고 있긴 한데, 제가 어디로 가고 있는지 잘 모르겠어요. 그리고 건강 상태 말인데요. 이미 이야기했지만 일단 심한 과체중인 데다 배도 많이 나왔어요. 출장이 잦으니 외식이 생활이 되었고, 과식도 자주 하거든요. 현재 평균 체중에서 20킬로그램 정도 더 나갑니다. 그리고 50미터만 뛰어도 숨이 차서 죽을 것 같다니까요."

"그렇게 출장 가서 혼자 밥을 먹고 있으면, 외로운 방랑

자 같이 느껴지지 않던가요. 실은 저도 그렇습니다."

"그런데 실제로 도미노 효과가 일어나서 모든 게 줄줄이 무너져버리면 어떻게 하죠? 그걸 일으켜 세울 방법이 없을까요?"

1분 경영자가 물었다.

"당연히 방법이 있습니다. 가장 먼저 몸을 위해 무언가 조취를 취하셔야 합니다. 일단 운동을 시작하고요. 칼로리가 적으면서 영양가 있는 음식을 챙겨 먹는 겁니다."

"왜 거기서부터 시작하는 것이 좋습니까?"

"눈에 보이잖아요. 숫자로도 확인이 되죠. 오늘 몇 킬로미터를 산책했는지 혹은 뛰었는지, 몸무게를 얼마나 감량했는지 말이에요. 또 결과가 바로 눈에 보이니까 만족도도 높아요. '피드백은 챔피언의 아침 식사'란 말도 있죠? 구체적인 피드백이 나오기가 가장 쉬운 게 바로 내 몸의 변화입니다."

"그렇겠네요. 그리고 시간을 내서 운동하고 좋은 음식을 먹으면 자율성을 되찾는 느낌도 들 것 같아요. 결국 내 시간을 내가 조절하는 것이 자율성이잖아요."

"게다가 균형감도 서서히 회복됩니다. 저 같은 경우 정확한 이유는 모르겠지만 운동을 할 때 제 영혼에 대해 탐색하게 되더군요. 인생을 좀 더 창조적으로 생각하게 되는 기회도 되는 것 같고요."

"저도 그 말 이해합니다. 하지만 건강 상태와 별로 상관이 없는 조정자가 하나 있네요. 유대감 말이에요."

"재미있는 지적입니다. 혹시 윌리엄 글래서의 《긍정적 중독》이란 책 읽어보셨습니까?"

"아니요."

1분 경영자가 대답했다.

"글래서는 조깅하는 사람과 명상가를 통해 조깅과 명상이 그들의 인생에 어떤 영향을 미치는지 연구했습니다. 매일 자신을 위해 따로 시간을 내서, 경쟁에서 이기기 위한 것이 아닌 다른 일을 하는 사람들은 감정이입을 잘해서 다른 사람의 말을 잘 들어준다고 합니다. 스스로를 돌볼 줄 알고, 자신을 긍정적으로 생각하는 사람이 다른 이들과도 잘 지내는 겁니다."

"와, 멋진데요. 건강을 위해 노력하면 주변 사람들과의 관계까지 좋아지는군요. 그러면 어떻게 시작하면 될까요? 저도 할 수 있을 것 같습니다. 제 인생 전체를 다시 일으키고 싶어요."

1분 경영자,
자신의 생활을 돌아보다

"그렇게 말해주시길 기다렸습니다."

교수가 기뻐하며 말했다.

"내일 오후에 저희 대학에 있는 건강관리 연구 센터에 오시는 게 어떻습니까? 저희가 시작만이라도 도와드리고 싶습니다. 와서 새로 갖춘 시설도 보시고 스태프들도 만나보시죠."

"그렇게 하죠."

1분 경영자는 일어나서 교수와 악수했다.

"비서에게 대학 위치 좀 가르쳐주시겠습니까? 오늘 한

시 반에 뵙죠. 그리고 이제부터 제 자율성에 대해 생각해보겠습니다."

교수가 문을 나서자 1분 경영자는 창문으로 다가가 도시의 풍경을 바라보았다. 그는 우두커니 서서 지난날을 차분히 돌아보았다. 지난 몇 년간 회사의 관리자로서 꽤 성공을 거두어온 그는 자신이 세운 기록이 자랑스러웠다. 명성을 쌓을 수 있는 기회를 얻은 것도 감사했다.

하지만 오늘 아침 그는 한 가지 사실을 확실히 깨달았다. 성공에도 대가가 따른다는 것을 말이다. 그의 인생은 좋게 말해 균형을 잃고 있었다.

'교수가 딱 적당할 때 찾아왔군. 내 인생을 다시 정비해야 할 시기야.'

건강한 삶을 위한 12가지 질문

 다음 날 1분 경영자는 점심을 먹은 후 대학으로 향했다. 그는 이 도시에 온 첫 주에 지역의 상공협회에서 그 대학의 학장을 만난 적이 있었다. 하지만 이렇게 캠퍼스까지 들어온 것은 처음이었다. 그는 대학이 단순한 교육기관에서 지역사회에 다양한 프로그램을 제공하는 공공 기관으로 발전했음을 알게 되었다. 최근 들어 대학 캠퍼스는 지역 주민의 삶의 질을 높이는 데 중요한 역할을 하고 있다.

 시간에 맞춰 대학 정문에 도착한 1분 경영자는 경비원에게 물었다.

"라이프스타일 피트니스 연구 센터로 가려면 어디에 차를 세워야 합니까?"

"'방문객 A'라고 된 곳에 주차하십시오. 쭉 가다가 좌회전하시면 됩니다."

경비원이 말했다.

1분 경영자는 주차장으로 향하면서 대학 또한 주차 문제로 골치를 썩고 있다는 사실을 알고 살짝 미소 지었다.

차에서 내린 그는 라이프스타일 피트니스 연구 센터로 걸어갔다. 그는 이처럼 대규모의 피트니스 센터를 관리하면 어떤 기분이 들지 상상해보았다.

교수실에 도착하자 비서가 그를 반겼다.

"안 그래도 교수님께서 기다리고 계세요. 지금 바로 들어가세요."

"고맙습니다."

1분 경영자는 가볍게 답례를 했다.

교수는 1분 경영자를 보자마자 자리에서 벌떡 일어나 문쪽으로 다가왔다.

"다시 뵙게 되었네요. 여기까지 찾아오는 건 힘들지 않으셨죠?"

"길을 정확히 가르쳐주셨더군요."

"먼저 이곳 한번 둘러보시죠."

"좋습니다. 여기 생긴 지가 5년 정도 되었다죠?"

1분 경영자가 말했다.

시설을 돌아보는 동안 그는 진심으로 감명을 받았다. 가장 먼저 본 것은 길이 25미터의 왕복 연습용 수영장과 헬스클럽이었다. 체육관에는 농구장만 네 곳이었고, 농구장 주변에는 4킬로미터 트랙이 있었다. 라켓볼 코트는 두 곳이었으며 라커룸에는 사우나 시설도 갖추어져 있었다.

센터에는 모두 4명의 상주 직원이 근무했다. 디렉터인 교수를 포함해 피트니스와 라이프스타일 카운슬러, 영양사와 운동 생리학자가 그들이었다. 또한 건강 테스트를 위한 두 개의 러닝머신과 지빙측징기, 상담을 위한 두 개의 미팅룸도 마련되어 있었다. 오디오 시설을 갖춘 널찍한 강의실도 두 개나 됐다.

1분 경영자는 계속해서 감탄했다.

"와, 시설이 굉장한데요."

교수의 얼굴에는 뿌듯함과 자랑스러움이 묻어났다.

"감사합니다. 굉장히 많은 계획 끝에 공들여 만든 곳입니다. 삶의 질과 생산성이란 면에서 건강이 얼마나 중요한지 사람들이 인식하게 되면서 이런 공간이 발전한 거죠. 사장님 같은 분들이 점점 더 자신의 몸과 건강을 중요시하게 되었고, 또 생활에 변화를 주고 싶어 하시거든요. 제가 4가지 스트레스 중재자에 대해 말씀드렸죠? 현재 사장님이 어느 위치에 있는지, 또 전체적인 건강 상태는 어떤지 먼저 체크하겠습니다. 우리 센터의 피트니스 상담사인 로즈 그린버그와 이야기를 나눠보세요."

교수가 말했다.

1분 경영자는 그린버그를 보자마자 그녀가 자신의 전공 분야인 피트니스를 굉장히 진지하게 대한다는 사실을 알아챘다. 그녀는 단순히 마르거나 날씬하기보다는 탄력적인 몸매의 소유자였다. 온몸에 탄탄하게 자리 잡은 그녀의 근육을 보니 건강의 화신이 강림한 것만 같았다.

그린버그가 먼저 그에게 말을 걸었다.

"교수님과 함께 생산성과 건강, 피트니스에 대해서 많은 이야기를 나누셨다고요."

"네, 이제 제 몸 상태를 개선하고 싶어요. 컨디션이 좋을수록 생활에 균형이 잡힐 것 같아요. 바위도 번쩍번쩍 들 수 있을 것 같았던 20대 시절의 건강을 되찾고 싶습니다. 사실 요즘엔 건강하다는 느낌이 뭔지도 잊어버렸어요."

"건강하다는 느낌이 어떤 것인지 알고 싶다면 제가 드리는 질문지에 잘 답변해주세요. 그리고 질문에 대한 대답이 '네'라면 1점을, '아니요'라면 0점을 주세요."

"그래요. 어떤 질문이 나올지 겁부터 납니다."

"여기 있습니다."

그린버그는 1분 경영자에게 종이 한 장을 건넸다.

"우린 이것을 '교수의 12가시 리스트'라고 부른답니다."

교수의 12가지 리스트

1. 나는 내 일을 사랑한다(대개 그렇다).
2. 나는 차를 타자마자 안전벨트를 착용하듯이 일상에서도 늘 안전 예방책을 사용한다.
3. 나는 이상적인 평균 몸무게에서 3킬로그램 이상 벗어나지 않는다.
4. 나는 스트레스를 줄이는 세 가지 방법에 약물이나 술이 포함되지 않는다는 사실을 안다.
5. 나는 담배를 피우지 않는다.
6. 나는 매일 밤 6시간 이상 자고 아침에 상쾌한 기분으로 가뿐히 일어난다.
7. 나는 적어도 일주일에 세 번 이상 정기적으로 운동을 한다(운동을 할 때는 20~30분간 지속적으로 신체적인 자극을 준다. 예를 들어 빠르게 걷거나 조깅, 수영, 자전거 타기 등이다. 거기에 근력이나 유연성을 키우기 위한 운동을 더한다).
8. 나는 일주일에 7잔 이하의 술을 마신다.
9. 나는 내 혈압지수를 알고 있다.

10. 나는 바람직한 식습관을 갖고 있다(예컨대 아침을 거르지 않고, 음식의 간은 싱겁게 한다. 저지방 저당류 식품을 먹으며 계란, 우유, 치즈, 붉은색 살코기의 섭취를 제한한다. 적당한 섬유질을 섭취하고 간식은 조금만 먹는다).
11. 주변 사람들과의 관계 형성이 잘 되어 있다.
12. 나는 긍정적인 마음과 태도를 유지한다.

건강한 삶은
선택의 결과다

1분 경영자는 12가지 질문에 신중하게 답했다.

"질문들이 참 재미있고 예리하네요."

모든 질문에 대한 답을 쓴 그는 얼굴을 들었다.

"10에서 11점을 얻으셨다면 지금 당장 집으로 가셔도 됩니다. 이미 충분히 잘하고 계시니까요."

"그런데 아쉽게도 여기 남아서 이야기를 더 해야겠네요."

1분 경영자는 웃으며 말했다.

"사장님이 '네'라고 답한 항목으로는 뭐가 있나요?"

"내 일을 사랑한다, 담배를 피우지 않는다, 일주일에 술은 7잔 이하로 마신다, 긍정적인 마음과 태도를 유지한다, 그리고 뭘 먹든 아침을 거르지 않기는 해요. 하지만 아침 이후부터가 문제죠. 그리고 주변 사람들과의 관계 형성이 잘 되어 있긴 한데 그걸 충분히 이용하는지는 잘 모르겠어요."

"그러면 확실히 '네'라고 대답할 수 있는 건 4개뿐이군요."

"그렇죠."

"사장님에게 의미 있는 주변 사람들은 몇 점 정도를 받았을 것 같아요?"

그린버그가 물었다.

"흥미로운 질문이네요."

그는 이제껏 다른 사람들의 건강에 대해 깊이 생각해본 적이 없다는 사실을 깨닫고 잠시 생각에 잠겼다. 만약 그들 중에 누군가가 심각한 병에 걸리거나 죽는다면 어떻게 될까? 싱싱조차 하기 싫을 징도로 끔찍했다.

1분 경영자가 마침내 고개를 들자 그린버그는 웃고 있었다.

"그 질문은 정말 많은 생각을 하게 만드는군요."

1분 경영자가 말했다.

"그런데 안타깝게도 회사의 제 든든한 오른팔 같은 직원들도 저와 크게 다르지 않을 것 같아요."

"리스트를 읽으면서 놀란 것이 있나요?"

"네, 몇 개 질문에서는요. 일을 사랑하느냐는 질문은 좀 의외였어요. 이게 바로 자율성, 유대감, 균형감을 모두 함축하고 있는 질문이라고 생각했거든요. 또 '안전벨트' 이야기도 엉뚱한 것 같고요. 하지만 생각해보면 교통사고가 났을 때 안전벨트를 하지 않아서 사망하는 사람이 의외로 많으니까요. 혹시 추천할 만한 안전 예방책이 있습니까?"

"자동차의 속도를 줄이세요. 한 사람의 노력이 자동차 사고 사망률을 크게 줄일 수 있답니다."

"또 다른 것은요?"

"집과 직장의 화재경보기가 잘 작동되는지 확인하세요. 화재로 인한 사고가 생각보다 많답니다. 그리고 이걸 추천할게요."

그린버그가 말을 이었다.

"어떤 물건을 들 때 꼭 무릎을 구부리세요. 물건을 들 때의 무게는 등이 아니라 다리가 받쳐야 합니다. 50퍼센트의 성인이 등의 통증 때문에 고생하고 있답니다. 또 소음이 심한 곳에서는 귀를 보호하는 장치를 이용하는 게 좋고요. 너무 밝거나 햇빛이 강한 곳에서는 선글라스나 선크림을 잊지 말아야 하죠."

"은근히 주의할 것들이 많네요."

"맞아요."

그린버그가 말했다.

"기본 상식을 이용해야죠. 교수의 12가지 리스트에 나오는 내용 중에 또 궁금하신 것이 있나요?"

"있습니다. 근력, 지구력, 유연성을 위한 훈련이란 어떤 걸 말씀하시는 거죠?"

"최소한의 근력 운동이죠. 일주일에 한 번씩은 일어났다 앉았다 하기나 팔굽혀펴기를 10번 하는 거예요. 무릎을 가슴에 대고 30초 동안 가만히 있다가 펴기를 네다섯 번 반복하면 최소한의 유연성 운동도 되고 통증을 예방해주죠."

"별것 아닌 것 같은 그 정도의 운동도 중요하군요."

"물론이죠. 운동이 우리 몸과 건강의 열쇠니까요. 게다가 운동을 잘하고 운동량을 늘리고 싶다면 라이프스타일도 바꾸어야 해요. 살을 빼고 담배는 끊고 영양소를 잘 섭취하고 잠도 충분히 자야 하죠. 그렇게 두 가지를 잘 병행하면 몸이 달라지는 게 느껴질 거예요."

"사실 자꾸 운동을 미루고 싶어져서 그렇게 행동하는 게 말처럼 쉽지가 않아요. 아, 그리고 술 마시는 건 괜찮나요?"

"과하지 않고 조절할 수 있다면요. 하루에 한 잔 넘게 마시지만 않으면 괜찮다고 할 수 있죠."

그린버그가 말했다.

"평일에는 참다가 주말에 과음하는 건요?"

"숙취를 사랑하시는 게 아니라면 굳이 추천해드리고 싶지 않네요."

그린버그가 웃으며 말을 이었다.

"사실 저는 가능하면 술을 멀리하자는 주의예요. 술을 잘 마시지 않는 사람이라면 계속해서 그러는 편이 좋고요. 또 다른 질문은요?"

"마지막 질문인데요. 긍정적인 마음과 태도란 구체적으로 무엇을 의미하나요?"

"기본적으로 '활기찬 사람'이 되어야죠. 인생은 내게 주어진 특별한 기회고, 우리는 인생을 충분히 즐길 의무와 권리가 있으니까요."

그린버그가 질문에 대답했다.

"어떻게 긍정적인 삶의 태도를 발전시킬 수 있을까요?"

"바로 '선택'이 답이에요. 선택은 남이 해주거나 상황에 따라 저절로 되는 것이 아니에요. 스스로 해야 하지요. 가끔 보면 인생을 더 힘들게 살겠다고 작정한 것처럼 보이는 사람들이 있어요. 그런 사람들은 누가 칭찬을 해도 받아들이지 않고 매사에 부정적이죠. 남들은 뭐가 그리 신나서 서렇게 사나 하면서 늘 시큰둥하거나 부정적이죠. '오늘 날씨가 환상적이네요'라고 말하면 그들은 이렇게 대답합니다.

'그러게요. 그런데 내일은 흐리고 비가 온대요.' 이런 사람들은 큰 불행이 닥치면 완전히 나락으로 떨어져서 아주 오랜 기간 동안 회복하지 못해요."

"담배나 운동처럼 긍정적인 태도도 선택이군요."

"맞아요. 물론 우리 인생에 일어나는 일들은 우리가 어떻게 하지 못해요. 잘 풀릴 때도 있지만 꼬일 대로 꼬일 때도 있죠. 하지만 각각의 사건에 대한 반응만큼은 내가 조절할 수 있어요. 엘리노어 루스벨트가 이렇게 말했다죠. '아무도 당신 허락 없이 당신이 열등감을 느끼게 할 수 없다.'"

"특히 유머 감각이 있는 사람들이 훨씬 더 위기를 잘 극복하며 사는 것 같아요."

"자기 자신에 대해서도 심각하게 생각하지 않고 웃어넘길 수 있으면 더 좋죠."

"그런 걸 자존감이라고 하나요? 건강한 자기 이미지라고 할 수 있겠죠?"

"그렇죠. 그리고 인간관계나 유대감도 중요합니다. 일이 잘못되거나 고민이 있을 때 털어놓을 수 있는 사람, 기쁠 때 함께 웃을 수 있는 가족과 친구와 동료가 꼭 필요해요. 또 그들에게 다가가기 위해서는 항상 긍정적인 태도를 유지해야 하죠."

"리스트에 없어서 좀 이상했던 건 없나요?"

"건강 문제를 다룰 때 자주 등장하는 커피 이야기가 빠졌더군요. 일하면서 받는 스트레스나 위기 상황에 대처하는 방식, 주변 환경에 대한 언급도 없었고요."

"건강한 라이프스타일에 대해 알고 계신 게 많네요. 그런데 커피는 사람에 따라 많이 다르더라고요. 어떤 사람은 하루에 두 잔만 마셔도 속이 불편하고, 또 어떤 사람은 그보다 훨씬 많이 마셔도 건강하고요. 카페인이 들어 있지 않은 커피를 마시면 몸에 좋다는 사람도 있고 그렇지 많은 사람도 있고요. 또 근무 환경이나 직업과 관련된 문제는 직장마다 다를 수 있으니까요."

"치아 관리는요? 그것도 어떻게 보면 선택의 문제던데요."

"맞아요. 치과의사인 제 친구가 우스갯소리처럼 말하더군요. '이를 닦지 않아도 된다. 치실도 사용하지 마라. 이가

11 건강한 삶은 선택의 결과다 **65**

모조리 없어져도 상관없다면 말이다.'"

"그냥 웃을 수만은 없는 이야기네요. 그런데 이런 질문 리스트가 어떻게, 왜 만들어지게 된 거죠?"

웰니스(wellness)

곰곰이 생각하던 그린버그가 입을 열었다.

"먼저 '왜'에 대한 답변부터 할게요."

"그래주세요."

그린버그는 사뭇 진지한 어조로 말했다.

"우리는 현재 의학 혁명의 시대에 살고 있어요. 사람들은 이제 성홍열이나 결핵 같은 병으로 죽지 않아요."

"의학이 점점 발달하고 있으니까요."

1분 경영자가 덧붙였다. 그린버그는 이에 고개를 끄덕이며 말을 이었다.

"현대인들은 스스로가 자신의 몸에 불러들인 병으로 죽고 있어요."

"너무 풍요로워서 문제로군요."

1분 경영자가 웃으며 말했다.

"그렇죠. 사실 요즘에 아프거나 병으로 죽는 사람들을 보면 불가항력적으로 찾아온 병 때문에 고통을 받고 있는 경우는 드물어요. 대개 본인의 잘못된 생활 방식 때문에 병이 나지요."

"그러고 보면 시대가 많이 변했어요. 예전에는 아프면 그저 순수하게 아파하고 괴로워하면 됐어요. 내 탓이 아니니까요. 하지만 요즘에는 아프면 모두 그 사람한테 책임을 물어요. 대체 어떻게 살았기에 그렇게까지 되었냐고 추궁하는 거죠."

"그렇습니다."

그린버그가 대답했다.

"그래서 요즘에는 누군가 아프면 치킨 수프보다는 명상 음반을 주려고 하는 사람이 많아요."

"명상 음반이요?"

"마음의 치유를 돕는 음반이죠."

그린버그가 대답했다.

"몸과 마음의 관계가 그만큼 가깝다는 얘기인가요?"

"그래요. 건강 문제로 대화를 하다 보면 언제나 그 이야기가 나오죠. 현대 사회에서 건강은 곧 개인의 선택이라고 할 수 있어요."

"무슨 말씀인지 알 것 같습니다. 사실 좀 전에 보여주신 교수의 12가지 리스트에 나온 질문들은 가족력이라든가 유전과는 관련성이 적었어요. 결국 내가 선택해서 이 상태까지 왔다는 거겠죠. 그게 바로 앞에서 말한 자율성이기도 하고요."

"그걸 벌써 파악하셨다니 정말 다행입니다. 교수님께서 스트레스 중재자에 대해 아주 잘 설명해주셨나 봐요. 스트레스 중재자로서의 자율성이란 바로 내가 내 삶을 주체적으로 만들어갈 수 있다는 의지이자 내가 내 인생을 선택할 수 있는 힘이죠."

> 오늘의 건강은
> 당신이 오늘 선택한 삶의 방식이며
> 그 결과입니다.

"그러면 자신의 선택으로 '아니요'를 '네'로 바꿀 수도 있다는 이야기네요."

1분 경영자가 말했다.

"맞습니다. 어느 정도까지는 내 스스로가 나의 웰니스를 결정하는 거죠."

그린버그는 1분 경영자에게 도표가 실린 종이 한 장을 건넸다.

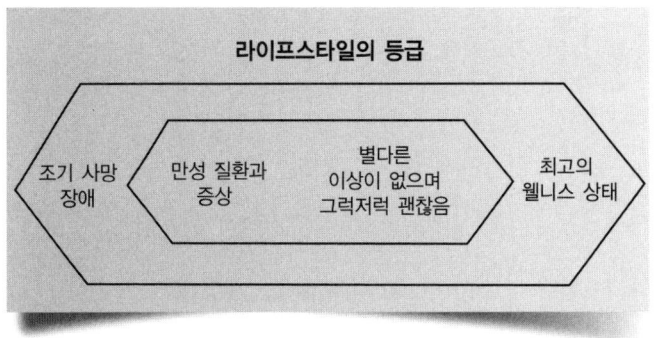

1분 경영자가 도표를 보고 있는데 그린버그가 말을 이었다.

"저도 그랬어요. 병원에 있는 사람들만 아프다고 생각했죠. 하지만 지난 30년 동안 사람들의 생각이 서서히 바뀌었어요. 이 도표를 보면 아시겠지만 한쪽 끝에는 조기 사망이, 다른 쪽 끝에는 최고 수준의 웰니스가 있죠. 즉, 몸의 에너지와 일의 성과가 극대화되는 상태죠."

"최고 수준의 웰니스를 지향한다면 먼저 몸 상태가 좋아야겠군요. 그래야 스트레스에 대한 저항력도 높아지니까요."

"그렇죠. 과거의 의사들은 병의 징후나 증상을 보이는 사람들만 치료하도록 훈련받았어요. 하지만 최근에는 많은 의사가 나이, 성별, 인종, 가족력, 생활 습관 같은 위험 요소들을 평가하는 데 큰 관심을 갖고 있어요. 겉으로는 아무 증상도 나타나지 않지만 잠재적인 이상이 있는 사람들의 건강 상태를 연구하기도 하죠. 예를 들어 녹내장이나 고혈압 같은 경우 증상이 나타나면 이미 돌이킬 수 없이 악화되어버린 경우가 많거든요. 따라서 요즘 의료계의 변화를 주목할 필요가 있어요. 아주 많은 사람이 '별다른 이상이 없으며 그럭저럭 괜찮음'과 '만성적인 질환과 증상'

사이에 놓여 있기 때문입니다. 인생을 살면서 가장 높은 단계인 웰니스 상태에 도달하려면 건강한 생활 습관에 대해 잘 알고 긍정적인 생활 태도를 갖는 것은 물론, 건강하고 생산적인 방식으로 행동해야 합니다. 교수의 12가지 리스트에 답하면서 본인이 건강 그래프의 어디쯤에 있는지 알게 되셨나요?"

"저도 '만성적인 질환과 증상'과 '별다른 이상이 없으며 그럭저럭 괜찮음' 사이에 위치한 것 같아요. 아직 갈 길이 멀군요."

1분 경영자가 고개를 끄덕이며 말했다.

"일부러 이 그래프의 왼쪽으로 옮기려고 선택하는 사람들이 있을까요?"

그린버그가 1분 경영자에게 물었다.

누구나 건강을 원한다

1분 경영자는 한 치의 망설임도 없이 대답했다.

"그거야 당연히 아무도 없죠."

"그럴 겁니다."

그린버그가 말했다.

"하지만 너무나 많은 사람이 건강하고 생산적인 생활 습관을 따르지 않기로 선택하고 있어요. 그들이 선택하는 것을 보면 일부러는 아니더라도 자기도 모르게 왼쪽으로 가고 있거든요. 사장님도 지금은 건강하고 생산적으로 일하는 사람들이 어떻게 사는지 아시니까 교수의 12가지 리스트에 나온 건강한 생활 습관을 따르기로 선택하신 거겠죠. 그런데 여기에 대해 별 생각이 없는 이도 많아요. 이런 사람들을 위해 회사나 조직에서 직원들이 생활 습관을 현명하게 선택할 수 있는 분위기를 만들어줄 수도 있어요."

"만약 모두가 오른쪽으로 움직이기를 선택한다면 어떨까요?"

"바람직한 일이죠. 아마 엄청난 에너지가 폭발해 수많은 사람이 모든 종류의 기록을 깨지 않을까요?"

"그렇게 되면 병원에 파리가 날리지 않을까요? 자연히 의료비도 줄어들고요."

"그러한 방향으로 이동하는 건 분명 가능해요. 하지만 위험 요소들을 평가하고 걸러내는 작업이라든가 점점 쇠약해지는 사람들을 치료하는 일에 대한 요구는 언제나 있기에 의료업계가 망할 것 같진 않아요. 또 살면서 내가 어쩔 수 없는 사건들도 분명 생기거든요. 반대로 어떤 요소들은 우리가 조절할 수도 있고요. 삶에서 일어나는 여러 가지 일에 어떻게 반응할지 아는 것도 중요하죠."

건강위험평가

"제가 만약 생활 습관을 계속 관찰하고 개선해서 '아니요' 대답을 '네'로 바꿀 수 있다면 더 오래 살 수 있을까요?"

1분 경영자가 물었다.

"큰 그림을 보면 그렇게 말할 수도 있죠. 건강한 생활 습관을 따르기만 한다면 수많은 연구에서 밝혀졌듯이 분명 병에 걸리거나 빨리 죽을 확률이 줄어들어요. 또한 삶의 질이 더 높아지죠. 더 정력적인 인생을 살게 되고요. 여기에 있는 건강위험평가를 작성하시면 사장님의 건강 상태에 대해서 더 구체적으로 알 수 있을 겁니다."

"뭐라고요?"

"건강위험평가, HRA(Health Risk Appraisal)라고도 부르죠."

그린버그는 1분 경영자에게 종이 한 장을 건네주었다.

"10분 정도면 작성하실 수 있을 거예요. 꼭 솔직하게 체크해주세요. 결과를 분석해서 사장님의 현재와 미래의 건강 상태에 대해서 중요한 정보를 제공해드릴게요."

"'솔직하게'란 말은 무슨 뜻인가요?"

"질문에 솔직하게 답변하지 않는 분이 의외로 많거든요. 그게 바로 혼자 작성하는 질문지의 문제죠. 이건 순전히 사장님의 의지에 달려 있답니다. 가끔 이 결과로 생활 습관을 분석해드리겠다고 하면 살짝 속이는 분들이 계세요. 최근에 최고경영자 스무 분을 만나 질문을 드린 적이 있어요. '담배 피우시는 분은 손 들어보세요'라고 했더니 여섯 분이 손을 들더라고요. 그런데 나중에 점심시간에 확인해보니 담배를 피우고 있는 사람이 8명이더군요."

"그거 참 재미있네요. 저로서는 도움만 된다면 무조건 솔직하게 있는 그대로 대답할 것 같은데요."

"그러실 것 같았어요. 건강위험평가 결과를 바탕으로 사장님의 건강 위험 요소를 평가할 수 있어요. 인종이나 성별에 따라 현재 생활 방식에서 심장병이나 암 같은 가장 흔한 병을 피할 수 있는 확률이 얼마나 높은지 알아볼 수 있어요. 즉, 최근 생활 방식과 함께 병이 걸릴 확률 정도를 파악할 수 있죠."

"앞으로 병에 걸릴 확률이나 사망 나이에 대해 꽤 정확한 자료를 제시해준다는 거죠? 그리고 이 상태에서 체중 조절을 하면 그 결과가 변하기도 할까요?

"맞아요. 사장님의 실제 나이와 건강 나이의 차이를 알게 되는 거죠. 사람에 따라 건강 나이가 다 다르게 나오는데, 사장님의 건강 나이가 실제로 더 나이 든 분들과 비슷할 수도 있고요. 아니면 더 나이가 적은 사람과 같을 수도 있죠. 또 사장님과 비슷한 나이, 같은 성별과 인종을 가진 사람들과도 비교할 겁니다. 그렇게 해서 사장님이 정상적인 범주에 들어가는지도 알 수 있죠."

그린버그는 노트에 무언가를 적으며 말했다.

66

젊었을 때는 부를 얻기 위해 건강을 포기합니다.
나이가 들어서는 건강을 다시 얻기 위해
부를 포기합니다.

99

"그 문장을 보니 결과가 더욱 궁금해지네요. 당장 질문지를 작성하겠습니다."

1분 경영자가 말했다.

"좋은 태도예요. 제 책상에서 작성하세요. 저는 잠깐 체육관에 내려가서 교수님을 뵙고 올게요. 작성이 끝나면 교수님과 만나보세요."

그린버그가 나가자 1분 경영자는 책상에 앉아 건강위험 평가의 항목을 하나씩 들여다보았다.

첫 번째 페이지의 질문에 체크를 하면서 그는 몇 가지 생각을 했다. 나이, 성별, 인종에 대해서는 물론 그린버그와 교수가 이야기했던 건강 습관이나 스트레스 중재자와 관련된 질문도 있었다.

가족력에 대한 질문을 읽으면서는 은퇴한 지 얼마 되지 않아 심장마비로 돌아가신 아버지 생각이 났다. 어머니는 아직 살아 계시지만 외가에는 당뇨 내력이 있었다.

'그러고 보니 건강검진을 받은 게 언제인지 모르겠군.'

그는 혈압과 콜레스테롤 수치를 적는 부분에서 잠깐 머

뭇거렸다. 직장 검사와 관련된 항목에서도 마찬가지였다. 그쪽에 어떤 문제가 있는지 전혀 알지 못했기 때문이다.

사회적인 연대망이 얼마나 강한지에 대한 질문에 답할 때, 그는 이렇게 생각했다.

'훌륭한 가족과 친구들이 있어. 하지만 함께 많은 시간을 보내지는 못하지.'

건강위험평가의 마지막 페이지는 스트레스 조절법과 여성에게만 해당되는 질문이 몇 개 있었다. 스트레스와 관련된 질문을 읽다 보니 현재 그의 상태가 잠재적으로 위험할 수 있는 수준이라는 것을 알았다.

'지금처럼 스트레스 받고, 과체중인 데다 운동도 하지 않으면 자칫 정말 크게 잘못될 수도 있겠어.'

질문지 작성을 끝내자 교수와 그린버그가 문 앞에 서 있었다. 1분 경영자는 웃으며 그들을 바라보았다.

"굉장히 재미있네요. 분석 결과가 조금 두렵긴 합니다만."

그는 교수에게 질문지를 주었다.

"이건 우리가 보관하겠습니다. 그리고 컴퓨터로 분석을

할 겁니다."

교수가 말했다.

"내일 오후에 사무실에 들러서 피드백을 해드리겠습니다."

"그렇게 하죠."

1분 경영자는 일어나 교수와 그린버그에게 인사를 했다.

"로즈, 도움을 주셔서 감사해요. 그리고 교수님, 내일 오후에 뵙죠."

"내일까지 기억하세요. 오늘 삶을 사는 방식이 내일의 건강을 결정한다는 것을요."

교수가 웃으며 말했다.

현재의 상태를
체크하라

다음 날 오후 교수가 1분 경영자의 사무실에 도착했다. 그는 웃으면서 교수를 맞이했다.

"좋은 소식이에요, 나쁜 소식이에요?"

"자, 시작하죠. 오늘은 사장님이 살아갈 나머지 날들의 첫날이니까요."

교수는 자리에 앉자마자 말을 꺼냈다.

"HRA 결과를 보여드리기 전에 먼저 큰 그림에 대해서 말씀드리고 싶습니다. 건강위험도 측정 결과, 앞으로 10년간 사장님의 사망 확률은 사장님보다 열 살 많은 쉰다섯 살의 같은 인종 남성과 똑같이 나왔어요. 지금 겨우 마흔다섯이니까. 이건 아무래도 경고가 되겠죠."

그는 큰 충격을 받았다.

"정말입니까? 제가 교수님이 추천하는 방향으로 노력한다면 결과가 달라질 수 있을까요?"

"그렇습니다. 마흔두 살의 건강한 남성과 같은 건강 상태를 가질 수도 있겠죠. 하지만 앞으로 생활 방식을 바꾸지 않으면 나이가 들수록 실제 나이와 건강 나이의 차이는 점점 더 벌어질 겁니다."

"제 생활 방식에 문제가 있다는 걸 여실히 알려주는군요."

"그래요. 하지만 뭔가 할 수 있을 때 이 사실을 알게 된 것을 다행으로 여기셔야죠."

교수는 1분 경영자에게 컴퓨터로 분석한 HRA 결과를 건넸다.

"먼저 읽어보시고 이야기를 시작하죠."

피드백을 다 읽은 후에 1분 경영자와 교수는 30분 정도 자료에 대해 이야기를 나누었다.

이야기의 초점은 정기적인 운동과 건강한 식습관의 필요성으로 좁혀졌다.

"담배도 피우지 않으시고, 술도 별로 드시지 않으니 운동이나 식습관 프로그램에만 집중하시면 생활 습관이 좋아지면서 균형을 찾을 수 있을 겁니다."

교수가 강조했다.

"저도 그렇게 믿고 싶습니다. 또 몸 상태가 개선되고 살이 빠지면 그에 따라 자율성이 증가하고 균형감과 유대감도 좋아지겠죠?"

"그렇게 믿는 것만으로도 첫 단추를 아주 잘 끼우신 겁니다."

"건강한 생활 습관을 위해 또 무엇을 시작하는 게 좋을까요?"

1분 경영자가 물었다.

"마흔 살이 넘으셨는데 아직 규칙적으로 운동을 하지 않으시니 가장 먼저 건강 상태부터 체크하시는 게 좋을 것 같아요. 그리고 앞으로 몇 년간은 정기적으로 건강 상태 체크를 하셔야 할 겁니다. 일단 그것을 마치고 나면 프로그램에 대해서 구체적으로 이야기해드리죠."

"알겠습니다. 하지만 저는 지금 당장 구체적으로 무엇인가 시작해야 될 것 같아서 말이죠."

혹사하지 말고
운동하라

교수는 1분 경영자를 향해 고개를 저으며 말했다.

"솔직히 말씀드려서 구체적인 사항에 대해서는 별로 걱정하지 않습니다. 다들 어떤 음식을 먹어야 하고, 본인에게 어떤 수준의 운동이 맞는지 상식적으로 알고 있으니까요. 솔직히 지식이 부족한 사람은 없다고 봐도 무방합니다. 자기가 아는 지식을 반드시 실천하겠다고 결심하고 그것을 잘 지키는 것이 가장 어렵습니다. 말은 쉽지만 행동으로 옮기기는 어렵다는 말이죠. 그래서 일단 검진을 받고 체력을 측정한 다음에 생활을 바꾸려면 무엇을 해야 하는지 이야기를 할 것입니다. 그런 다음에 프로그램에 대해서 구체적으로 논의해도 늦지 않아요."

"아, 행동을 바꾸는 게 관건이군요. 그런 이야기를 하니 제 문제가 현실로 다가오네요. 사실 저도 직원들을 관리하면서 가장 어렵다고 느꼈던 것이 그들의 행동을 바꾸는 거였어요. 정말 생각보다 힘들어요."

"사실 약속과 결심의 문제는 바로 그거죠. 사람들은 이런저런 다이어트 방법이 효과가 없다고 불평하곤 하죠. 하지만 사실 다이어트 방법 자체에는 문제가 없어요. 다이어트를 제대로 하지 않으니 문제인 거죠. 자기와의 약속을 아주 쉽게 깨는 사람이 많으니까요."

"지옥으로 가는 길에는 '좋은 의도'란 수많은 벽돌이 깔려 있다는 우스갯소리를 들은 적 있어요. 늘 의도는 좋죠."

"제 말이 그 말이에요. 운동하려고 마음먹은 사람들에겐 그 말이 딱 맞아요. 다음 주 수요일에 맥그로 스트리트에 있는 '테크'라는 회사 건물에서 오후 한 시에 만나도록 하죠. 다음 주 월요일 아침에는 의사와 약속을 잡아서 건강검진과 체력 검사를 받도록 하겠습니다. 우리와 같이 일하는 의사 분은 병의 증상을 알아채는 데도 관심이 있으시지만 병이 들기 전에 잠재적 위험 요소를 찾고 전반적인 라이프스타일을 검토하는 데 더 관심이 많으시죠."

"여러 방향에서 접근하시네요."

1분 경영자가 웃었다.

"그러려고 노력합니다. 우리가 테크라는 회사에서 만나는 이유는 두 가지예요. 첫째는 그곳의 경영자인 래리 암스트롱이 건강에 큰 관심이 있습니다. 성장 일로에 있는 회사에는 이런 프로그램이 필수라고 생각하십니다. 래리는 건강한 라이프스타일이라는 개념이 자신의 인생뿐만 아니라 회사에도 도입되길 바라고 있습니다. 아마 사장님도 앞으로 그 길을 걷게 될지 몰라요. 두 번째로, 그의 직원 중 한 명인 레너드 호킨스가 우리와 강도 높은 훈련을 마친 후에 자기 직원들에게 건강관리에 대한 강의를 하고 있어요. 래리에게 전화해서 수요일 오후에 열리는 '행동 변화' 강의에 사장님이 참가할 수 있게 해달라고 부탁했습니다. 그 자리에 참여해서 강의를 들어보세요. 앉아서 생각만 하지 않고 정말 행동하고 싶게 만들어줄 겁니다."

"재미있겠는데요."

1분 경영자가 교수와 악수했다.

"그럼, 다음 주 수요일에 뵙겠습니다."

1분 경영자는 그날 오후 늦게까지 일하다가 집으로 곧장 들어갔다. 앨리스에게 교수와의 면담에 대해서 이야기하자 아내는 HRA 결과를 알게 된 것이 무척 다행이라고 말했다.

앨리스는 운동을 시작하고 체중을 줄이겠다는 남편의 결심을 듣자 진심으로 행복해했다. 십 대인 자녀들 역시 적극적으로 응원해주었다. 모두가 '올해는 체력의 해'라는 그의 말에 환호를 보냈다.

월요일 아침, 1분 경영자는 건강검진을 받으러 갔다. 의사는 로즈 그린버그와 교수가 이미 말한 것을 다시 한번 강조하면서 한 가지 말을 덧붙였다.

"22킬로그램의 지방으로 둘러싸인 환상적인 심장을 갖고 계시군요."

혈압은 135/85로 지금까진 크게 심각한 수치는 아니었지만 의사는 1분 경영자에게 앞으로 생활 방식을 바꾸지 않으면 혈압도 높아질지 모른다고 경고했다. 또 반드시 건강한 식습관을 기르고 전문가의 도움을 받아 운동을 시작할 것을 권했다. 하지만 그가 이제까지 전혀 운동을 하지 않았기 때문에 처음부터 무리하지 않는 편이 좋겠다고 했다. 그는 다음과 같은 말로 대화를 마무리했다.

"기억하세요. 당신은 다음 신조에 따라 운동 프로그램을 진행해야 합니다."

> 몸을 혹사하지 말고 운동하자.

1분 경영자, 건강한 회사를 만나다

 눈 한 번 깜빡하니 수요일 오후가 온 것 같았다. 1분 경영자는 점심을 가볍게 먹고 테크로 향했다. 그는 회사의 이름을 들어본 적이 있었다. 이런저런 행사에서 래리 암스트롱을 멀리서 보기도 했다. 하지만 그와 개인적인 친분은 없었다. 그는 암스트롱이 빈손으로 창업해 7년 만에 1억 달러의 매출을 기록하는 회사로 성장시킨 것도 몰랐다.

 1분 경영자가 래리 암스트롱의 사무실 앞에 다다랐을 때 교수는 이미 와서 그를 기다리고 있었다. 그는 교수에게 인사를 한 다음 비서의 안내에 따라 암스트롱의 사무실로 들어갔다. 사무실은 굉장히 넓었으며 고급스러운 가구들로 꾸며져 있었다. 암스트롱은 창문 너머의 공장 부지를 바라보며 서 있었다. 그가 이쪽으로 돌아보자 1분 경영자는 생각했다.

'기분 나쁠 정도로 완벽한 몸매를 자랑하는 사람이 여기 또 있네.'

"반갑습니다."

암스트롱은 교수의 소개를 받고 1분 경영자에게 인사했다.

"건강과 피트니스에 관심이 아주 많다고 들었습니다."

"네. 그렇습니다. 암스트롱 대표님."

1분 경영자가 말했다.

"교수님과 로즈 그린버그와 만나게 되어 얼마나 다행인지 몰라요. 제 건강에 약간 문제가 있다는 것을 알았거든요. 교수님께 생활 습관 개선을 위해 빨리 무언가 시작하고 싶다고 말씀드렸더니 먼저 대표님과 이야기해보라고 하시더군요. 오늘 오후 강의도 참석하려고 합니다."

건강한 일터의 삼단논법

"이분은 완전히 마음을 열고 자신의 모든 걸 바꿀 준비가 되어 있으십니다. 행동 변화에 대한 레너드 호킨스의 강의가 굉장히 도움이 될 것 같아요."

교수가 암스트롱에게 말했다.

"그냥 래리라고 부르세요."

암스트롱은 미소를 지으며 1분 경영자에게 말했다.

"우리의 활동을 보여드릴 수 있어 영광입니다. 레너드의 강의가 시작하려면 15분 정도 남았으니 그때까지 이야기나 할까요? 먼저 앉으세요."

자리를 잡고 앉은 후 1분 경영자가 입을 열었다.

"래리, 교수님의 라이프스타일 아이디어를 본인에게만 적용하지 않고 회사의 건강 프로그램에 도입했다는 이야기를 들었습니다. 이 개념의 어떤 점이 그렇게 마음에 드셨나요?"

"두 가지가 있습니다. 매우 논리적이고 사실에 근거하기 때문이죠."

암스트롱이 대답했다.

"논리적이라고요?"

1분 경영자가 물었다.

"그렇습니다. 잘 이해되지 않으신다면, 이런 질문을 해보죠. 이왕이면 직원이 건강하면 좋겠다고 생각하십니까?"

"그거야 당연하죠."

"더 나은 직원이 있으면 더 생산성이 강한 조직이 되겠죠?"

"그렇겠죠. 두 가지는 함께 가겠죠."

"그러면 더 건강한 직원을 두었을 때 더 생산성 있는 조직을 갖게 되겠죠?"

"그렇군요. 하지만 그런 걸 '논리적'이라고 할 수 있을까요?"

"그럼요. 다음과 같은 삼단논법으로도 얼마든지 나타낼 수 있어요."

> 건강한 사람이 더 바람직한 직원이다.
> 더 바람직한 직원이 조직에 더 기여하고 이익을 창출한다.
> 따라서 건강한 사람은 조직에 더 기여하고 이익을 창출한다.

19 직장인의 건강 문제는 현실이다

삼단논법을 본 1분 경영자는 감탄했다.

"정말 논리적이네요. 찬성합니다. 그러면 사실에 근거한다는 건 무엇입니까?"

"이걸 보시면 됩니다."

암스트롱은 1분 경영자에게 자기 회사의 '경영 가이드와 워크 프로그램'이라는 문서를 보여주었다. 그는 문서에서 '문제: 직원 건강관리와 건강보험의 관련성'이라는 부분을 펼쳤다.

문제: 직원 건강관리와 건강보험의 관련성

- 직원들에게 지급되는 의료비: 미국 내 회사가 지급하는 건강보험료가 연간 1조 원 이상.
- 기업에서 제공하는 의료비는 직원당 연간 1200달러에서 6000달러로 평균 2400달러임. 이 비용은 인플레이션 비율의 두 배에 달함.
- 미국의 기업들은 매년 부상이나 질병으로 인한 직원들의 결근과 생산성 저하로 어마어마한 손실을 입음.
- 건강보험 비용은 평균 노동자 수입의 9분의 1 수준.
- 대기업 관리자들의 조기 사망으로 연간 150만 달러의 손실을 입음.
- 〈포춘〉 선정 500대 기업의 관리직은 이직으로 8500달러의 손실을 입고, 사무직은 4000달러의 손실을 입음. 높은 이직률과 나쁜 건강 사이에는 깊은 관련이 있음.
- 중서부의 어떤 주에서 실시한 직원 한 명당 심장병 관련 비용

100만 달러: 결근으로 인한 손해

1400만 달러: 대체인력 비용

1억 6200만 달러: 장애인 연금

9억 달러: 생산비용

심장마비에 걸린 직원이 회복하기까지는 평균 2만 1551달러의 비용이 들어감.

- 매년 미국에서 흡연과 나쁜 식습관, 운동 부족, 과도한 알코올 섭취로 80만 명이 사망.
- 흡연자는 비흡연자에 비해 결근 횟수가 높음.

일터에
건강관리를 도입하면

문서를 본 1분 경영자는 또다시 놀랐다.

"정말, 충격적인 사실이네요."

"저는 이 내용을 보고 확실히 넘어갔죠."

암스트롱이 말했다. 1분 경영자는 이제 거의 그를 확신하게 되었다.

"삶의 질 프로그램을 언제부터 운영하셨습니까?"

"3년 정도 됐습니다. 직원들은 교육은 여기서 받지만 운동은 대학교와 YMCA, YWCA, 헬스클럽, 지역 문화센터를 이용합니다. 물론 회사에 샤워실은 마련해놓고 있어요. 점심시간을 이용해 가벼운 조깅을 하거나 출근 전이나 퇴근 후에 운동하는 직원들이 있거든요. 언젠가 건물을 하나 지어서 직원들의 건강을 위해서만 쓰고 싶습니다. 교수님의 라이프스타일 피트니스 연구 센터처럼요."

암스트롱이 말했다.

"하지만 비용이 만만치 않잖아요. 회사에서 그 비용을 내 줄까요?"

1분 경영자가 물었다.

"이미 증명했습니다. 사실 가까운 곳에 부지를 마련했고요. 이제 설계하는 일만 남았죠. 우리 회사에 삶의 질 프로그램을 도입하고부터 어떤 일이 일어났는지 몇 가지 예를 보여드리죠."

암스트롱은 다음과 같은 문서를 보여주었다.

삶의 질 프로그램 도입 후 변화

- 운동과 금연, 식습관 개선, 혈압 프로그램을 도입하고 난 후 의료비용이 80퍼센트 감소.
- 프로그램 도입 3년째, 병가가 5분의 1로 감소.
- 결근 15퍼센트 감소.
- 삶의 질 프로그램으로 직원들에게 '회사가 당신의 건강까지 돌본다'라는 개념을 전달함. 결과적으로 회사에 대한 충성도가 높아지고 직원들 사이에 커뮤니케이션도 좋아졌으며 이직률이 낮아짐.
- 직원들이 프로그램을 더 적절하게 이용함.
- 삶의 질 프로그램에 100달러를 투자하면 평균 136달러가 이익이 되어 돌아옴. 앞으로 5~7년 사이에는 더 많아질 것으로 예상됨.
- 삶의 질 프로그램은 직원들 사이에서 가장 높은 지지를 얻고 있음.

진정한 변화를 위한 조언

프로그램 도입의 결과를 본 1분 경영자가 놀라며 말했다.

"정말 믿기 힘든 결과인걸요."

"저도 그렇게 생각합니다. 사실 우리 직원들 모두가 노력했기 때문에 가능했어요. 실제로 정말 많은 변화가 이루어졌거든요. 또 우리는 직원들의 웰니스에 많은 관심을 기울입니다. 이를테면 안전관리나 환기, 온도 같은 사무실 환경 문제, 작업 과정과 결과의 피드백 및 만족도 등에 신경 쓰죠. 이런 과정에서 직원들과 커뮤니케이션을 하면서 프로그램을 하나하나 개선해나갈 수 있었습니다. 물론 먼 길을 돌아왔죠. 처음에는 까마득했고요. 하지만 직원들과 그들의 건강을 위해 정말 시간과 노력을 아끼지 않았습니다. 때로는 변화를 위한 뼈아픈 과정도 있었어요."

"그 이야기를 하시니까 생각나는데요. 이제 행동 변화 강의가 시작할 때가 되지 않았나요?"

"그러네요."

암스트롱이 자리에서 일어나 문으로 갔다. 1분 경영자와 교수도 그를 따라갔다. 암스트롱은 비서에게 말했다.

"한 시간 정도 후에 돌아올 거예요."

암스트롱은 2층으로 올라가면서 1분 경영자와 교수에게 이번 강의가 새로 승진한 관리자들을 위한 강의이며, 그들 모두가 건강위험도 질문지를 작성하고 체력 검사를 받았다고 설명해주었다. 그는 각자의 HRA와 체력 검사 결과를 토대로 웰니스 프로그램을 만들고 싶다고 했다.

"오늘의 트레이닝 강사는 레너드 호킨스라고 경험이 풍부한 관리자입니다."

암스트롱이 말했다.

"전문 트레이너가 아닌가요?"

1분 경영자가 물었다.

"지금은 그래요. 레너드는 원래는 엔지니어 출신으로, 교수님과 트레이닝 코치들로부터 훈련을 받고 공부도 해서 이제는 전문 강사 못지않죠. 새로운 관리자들은 오늘 강의와 비슷한 수업을 10번 정도 받아야 해요."

"행동 변화 말고도 어떤 주제의 강의들이 있습니까?"

"라이프스타일에 관한 것도 있고요. 심장병이나 심장발작, 피트니스와 운동, 알코올 섭취, 금연 프로그램, 안전과 환경 프로그램, 영양과 식습관, 암, 스트레스와 시간관리 프로그램 등이 있습니다."

"모두 생활 습관의 선택이나 행동과 관련된 거군요. 이런 것들은 우리의 웰니스에 굉장히 커다란 영향을 미치겠죠."

"직원들의 삶의 질이 낮을 때는 아무리 업무와 관련된 기술을 가르치고 훈련시켜도 효과가 나타나지 않는다고 판단했죠. 따라서 건강한 생활 습관이란 주제는 리더십 워크숍 같은 직원 훈련 프로그램과도 통합된다고 할 수 있습니다.

직원들의 건강 역시 우리 회사의 목표 중 하나란 생각이 들어요. 직원들의 몸과 마음이 최상의 상태가 되도록 회사에서 적극적으로 밀어주는 거죠. 만일 모든 직원이 최상의 컨디션으로 자신의 목표를 달성한다면 결국 회사도 성장하지 않을까요."

1분 경영자는 강의실로 들어가면서 암스트롱의 말에 대해 곰곰이 생각해보았다. 강의실에는 이제 막 승진한 것으로 보이는 20명가량의 젊은 사람들이 앉아 있었고, 강단에서는 레너드 호킨스가 열띤 목소리로 운동에 대해 이야기하고 있었다.

"딱 맞춰 들어왔네요."

암스트롱이 앉으며 말했다.

"건강한 라이프스타일에 대해 더 질문 있으십니까?"

호킨스가 사람들을 향해 물었다. 아무도 질문하지 않았다. 이따금 "아니요"라는 대답이 들려왔다.

"네, 그럼 질문이 없는 걸로 알고 제가 질문을 하나 드리겠습니다."

호킨스가 말했다.

"여러분 중에 현재의 라이프스타일을 바꾸기 위해 뭔가 하겠다는 결심을 하고 나서 기분이 좋아지신 분 있습니까?"

그러자 모두가 손을 들었다.

"그러면 여러분 모두가 건강한 라이프스타일을 위해 뭔가를 해야 한다는 것은 알고 계시군요. 또, 건강하지 않은 습관을 바꾸는 일도 긍정적으로 생각하고 계실 겁니다. 이제 이런 지식과 태도를 실천에 옮길 수 있도록 자극하는 활동 하나를 소개해드리죠. 모두 일어나서 각자 파트너를 한 명씩 찾으세요."

한 사람이 일어나 인원이 홀수라서 파트너가 부족하다고 하자, 호킨스는 1분 경영자에게 참여하라고 손짓을 보냈다. 1분 경영자는 그의 말을 따라 약간 멋쩍은 표정을 지으며 자리에 앉았다.

"좋습니다. 이제 전부 짝이 있죠? 그러면 모두 맞은편에 있는 사람의 신체적인 특징을 관찰하세요. 그 사람의 옷과 얼굴과 몸을 자세히 보세요. 하지만 말은 하지 마시고 눈으로 관찰만 하십시오."

몇몇 사람들이 키득거렸다. 조그맣게 중얼거리는 사람들도 있었다.

"말을 하시면 안 됩니다. 그냥 관찰만 해주세요."

호킨스가 주의를 주었다.

1분 경영자는 솔직히 불편했다. 생전 처음 보는 사람 몸을 구석구석 훑어봐야 하다니, 눈을 어디에 두어야 할지 몰랐다. 상대방도 마찬가지인 것 같았다.

'대체 저 강사는 이런 걸로 뭘 하려는 거지? 무슨 터치필리 게임도 아니고(touchie-feelie game, 친근감을 표시하는 다소 가식적인 신체 접촉-역자 주) 말이야.'

1분 경영자는 이 잠깐의 시간이 무척 길게 느껴졌다. 잠시 후 호킨스가 말했다.

"네, 이제 됐습니다. 모두 끝났습니다. 이제 파트너를 볼 수 없도록 뒤로 돌아주세요."

1분 경영자와 그의 파트너는 등을 지고 돌아앉았다.

"이제 자신의 겉모습에서 5가지를 바꾼 다음, 돌아앉아 서로의 변한 모습을 관찰하세요."

1분 경영자는 왜 이런 것을 시키는지, 어떤 의미가 있는지 전혀 감이 오지 않았다. 하지만 천천히 자기 모습을 바꾸기 시작했다. 먼저 왼쪽 손목에 차고 있던 시계를 오른손으로 옮기고 넥타이를 풀었다. 슬쩍 주위를 돌아보니 다른 사람들도 어리둥절한 표정들을 하고 있었다.

"그렇게 바꾸셨으면 돌아앉아 파트너와 확인하세요. 서로 어디가 변했는지 말해주는 겁니다."

1분 경영자가 자신의 파트너를 보니, 그는 안경을 벗고 재킷을 벗은 상태였다.

'겨우 두 가지 바꿨구먼. 생각보다 어렵지 않은걸?'

1분 경영자는 속으로 생각했다. 그리고 그의 파트너와 함께 서로의 바뀐 모습을 이야기했다. 잠시 후 호킨스가 말했다.

"이제 다시 등을 지고 돌아앉으세요."

사람들이 돌아앉자 호킨스가 말했다.

"이제 5가지를 더 바꾸세요. 그러니까 모두 10가지가 바뀌는 겁니다."

그러자 사람들이 이구동성으로 말했다.

"10가지요? 더 이상 바꿀 게 없어요. 할 만한 건 다 했는데……."

누군가는 이렇게 말했다.

"아까 바꾼 것을 다시 바꿔도 됩니까?"

"바꿨던 것을 또 바꾸는 건 안 됩니다. 자, 5가지를 바꿔보세요."

사람들이 웅성거렸다.

호킨스는 조용히 말을 반복했다.

"5가지만 더 바꿔보세요."

1분 경영자는 생각했다.

'미쳤어, 미쳤군. 이제 벗을 옷도 없고 바꿀 것도 없는데 5가지를 더 바꾸라니. 스트립쇼라도 하란 말인가?'

그는 다시 불편함을 느꼈다. 주위를 돌아보니 무엇을 할지 몰라 그냥 가만히 있는 사람들이 많았다. 다들 조금 어색하고 언짢은 표정으로 이 시간이 빨리 끝나기만을 기다리는 것 같았다.

그런데 그중 한 젊은이는 열심이었다. 그는 자기 나름대로 창의적인 시도를 했다. 귀에 종이를 끼우기도 하고 벨트를 타이처럼 매기도 했다. 1분 경영자는 그 모습을 보고 웃음을 터뜨렸다. 그리고 여기에 자극받아 뭔가 더 시도해보았다. 물론 이런 활동이 대체 무슨 도움이 되는지 전혀 몰랐지만 어쨌든 해보기로 했다.

'뭔가 있으니까 하라고 하겠지 뭐.'

1분 경영자가 막 7개째를 바꾸고 있는데 호킨스가 말했다.

"다 바꾸셨으면 파트너와 체크하세요. 돌아앉아 뭐가 변했는지 살펴보세요."

1분 경영자의 파트너는 다 마쳤다는 신호를 보냈다. 1분 경영자도 7가지밖에 바꾸지 않았지만 도저히 더 이상은 생각이 나지 않아 돌아앉아 파트너의 얼굴을 바라보았다. 그는 파트너의 변화를 바로 눈치 챌 수 있었다. 그는 머리 가르마를 바꾸었고 신발을 벗었다.

'아, 저런 것도 있을 수 있겠네.'

1분 경영자는 마음이 편해지는 것을 느꼈다.

잠시 후, 호킨스가 입을 열었다.

"잘하셨습니다. 여러분 중에는 속으로 '저 사람 뭘 잘못 먹었나' 하신 분도 계셨을 겁니다."

그러자 어깨를 으쓱하며 웃는 사람도 있었고, 고개를 끄덕이는 사람도 있었다.

호킨스는 진지한 표정으로 말을 이었다.

"하지만 전 멀쩡하고요, 이제부터 제가 왜 이런 걸 시도했는지 알려드리겠습니다. 건강한 라이프스타일의 특징을 알고 현재의 행동을 바꾸는 것, 그리고 이를 긍정적으로 생각한다는 것은 더 건강해지기 위해 거쳐야 할 매우 중요한 과정입니다. 하지만 그건 시작일 뿐입니다. 가장 어려운 건 이 새로운 깨달음과 태도를 품고 실제 생활에서 다르게 행동하는 겁니다. 변화가 눈에 보여야 해요. 이제까지 여러분은 이 연습을 한 겁니다. 다른 사람들 눈에 띄게 변하는 것이죠."

"뭔가 숨겨진 뜻이 있을 줄 알았어요. 그게 뭔지 몰라서 그랬지."

한 사람이 웃으며 말했다.

호킨스가 말을 이었다.

"먼저 제가 1분 동안 말을 하지 말고 상대방의 신체적인 특징을 살펴보라고 했을 때 어떤 기분이 드셨습니까? 크게 말씀해주세요. 제가 받아서 적겠습니다."

> 불편했다.
> 어색했다.
> 눈을 어디에 두어야 할지 몰랐다.
> 바보 같은 기분이었다.
> 나를 너무 의식했다.

사람들은 너도나도 그때의 느낌을 솔직히 말했다. 호킨스가 왜 그런 기분이 들었는지 묻자, 사람들은 다음과 같이 말했다. 그는 또다시 사람들의 말을 칠판에 적었다.

> 당황스러워서.
> 1분이 너무 길어서.

호킨스가 말했다.

"맞습니다. 물론 더 다양한 느낌과 감정이 있을 수 있겠지만 일단 여기까지 하고요. 제가 받아서 적은 것들을 한번 보세요. 이것들은 우리가 익숙하지 않은 뭔가를 할 때 보편적으로 느끼는 감정들입니다. 오늘처럼 누군가를 빤히 봐야 하거나 평소 해보지 않은 일을 하게 될 때 느끼는 기분이죠. 불편하고 어색하고 바보처럼 느껴지고, 자신을 자꾸 의식하게 되고 당황스럽죠. 당연합니다."

'그런 거지? 암 그렇고말고.'

1분 경영자는 생각했다.

"아마 여러분이 처음으로 집 근처에서 조깅을 하거나 걷기 운동을 하게 되어도, 아까와 똑같은 기분이 들 겁니다. 어색하고 당황스러운 기분 말이에요."

그러자 한 여성이 말했다.

"사실 운동을 시작할 마음은 있는데 동네 사람들이 제가 운동하는 걸 보는 게 싫어요."

한 남자는 이렇게 질문했다.

"담배를 못 피우면 대체 술자리에서 뭘 해야 되나요?"

그러자 호킨스가 대답했다.

"모두가 건강한 생활 습관이 옳고 그것을 지켜야 한다는 것을 알지만, 막상 그것을 해야 될 때는 완전히 태도가 달라지죠."

"처음의 어색함이 과연 사라질까요?"

한 사람이 물었다.

"그럼요. 하지만 시간이 걸릴 겁니다. 주변 사람들의 도움도 필요하고요. 중요한 건 여러분이 그런 기분을 느꼈다고 해서 우울해할 필요는 없다는 겁니다. 자연스러운 과정입니다."

또 한 사람이 손을 들고 말했다.

"사실 서로를 바라보는 그 부분까지는 괜찮았어요. 하지만 뭔가 여러 가지를 바꾸라고 할 때는 굉장히 어렵고 불편하더라고요."

"거기에 대해서 이야기해보죠. 겉모습에 변화를 주는 것이 생각보다 어렵다고 하셨나요?"

호킨스가 그에게 질문했다.

"그랬죠."

"여러분은 모두 처음에는 뭔가를 벗으려고 했습니다. 뭔가를 쓰거나 입으려고 한 사람은 별로 없었어요. 그냥 손을 놓고 '옷도 별로 안 입었는데, 여기서 뭘 더 벗으라는 거야?'라고 속으로 불평하신 분들도 계셨죠?"

호킨스가 웃으며 말했다. 그러자 방금 손을 들고 질문한 사람이 말했다.

"알겠어요! 뭔가 다른 것을 하려고 할 때, 사람들이 가장 먼저 '무엇을 포기해야 되나? 무엇을 버려야 되나?'라고 생각한다는 말씀이시죠?"

"맞습니다. 처음 변하기 위해 노력할 때 그 변화에서 뭔가를 얻을 거라고 생각하시는 분 있습니까?"

"별로 없죠. 보통은 버릴 것, 잃을 것을 생각하죠."

누군가가 말했다.

"그래서 우리는 뭔가를 잃는 것도 당연하다고 생각해야 합니다. 그렇지 않으면 그 변화에서 아무것도 얻을 수 없습니다. 그러면 건강한 라이프스타일로 바꾸면 무엇을 잃게 될까요?"

"시간이요! 운동하려면 시간이 필요하잖아요."

한 사람이 큰 소리로 말했다.

"그렇습니다. 거의 모든 사람이 그걸 가장 먼저 걱정하죠."

호킨스가 맞장구를 쳤다.

그러자 여기저기서 이야기가 나오기 시작했다.

"디저트?"

"식사 후의 담배 한 대."

"아, 그거 정말 고문이지."

사람들의 말이 잦아들 무렵, 호킨스가 질문했다.

"쉽지 않겠죠? 실제로 이야기하니까 어떠세요?"

"말을 하니까 오히려 기분이 더 나아지는데요. 그렇지 않으면 계속 생각만 하고 있었을 거예요."

한 사람이 말했다.

"그렇습니다. 이제는 우리가 얻을 것들에 대해 이야기해 보죠. 긍정적인 면에는 뭐가 있을까요?"

호킨스가 질문하자, 또다시 여기저기서 이야기가 터져 나왔다.

"아무래도 자신감이 생기겠죠. 그리고 나 자신을 좋게 생각하게 되겠죠. 의지가 부족하다고 자학하지 않아도 되잖아요."

"성취감을 얻겠죠."

"3층 계단만 올라가도 헉헉거리진 않겠죠."

"조금이라도 건강하게 오래 살아야죠. 얼마나 좋은 세상인데 빨리 떠나면 아쉽잖아요."

호킨스는 나온 이야기들을 차근차근 정리했다.

"나에 대한 자신감, 성취감, 숨이 차지 않는 것. 더 오래 사는 것……. 다들 생각만 해도 기분이 좋아지는 그런 것들이죠."

"일의 능률도 좋아지나요?"

한 여성이 묻자, 다른 사람이 대신 대답해주었다.

"생활에 에너지가 생기면 더 많은 일을 더 열심히 하게 되고 취미 활동도 더 즐기게 되잖아요. 그것도 나쁘지 않을 것 같은데요."

"다들 잘 알고 계시네요. 듣기 좋아요. 이런 대화를 꼭 여러분의 가족과 친구, 동료와 상사와 나누었으면 좋겠습니다. 변화에 대한 의지와 노력을 지지해주고, 잘할 수 있다고 용기를 주는 사람들이죠. 여러분의 생활 방식을 바꾸는 데 실제로 많은 도움이 될 겁니다."

그러자 누군가가 이렇게 말했다.

"하지만 운동하는 건 아무도 도와줄 수 없잖아요."

호킨스는 고개를 끄덕였다.

"좋은 지적입니다. 아무리 조직 전체가 변화를 향해 움직여도, 가족 모두가 같이 헤쳐나가기로 다짐했어도 시작을 하면서부터는 왠지 혼자라고 느껴집니다. 아까 파트너와 등 돌리고 있으면서 뭔가 바꾸고 있을 때를 떠올려보세요.

분명 다른 모든 사람이 나와 같은 일을 하고 있는데도 각자 따로 해야 했죠. 하지만 제가 여러분에게 서로 도와주면 안 된다는 이야기를 한 적이 있나요?"

'하긴, 그런 소린 안했지.'

1분 경영자는 생각했다. 다른 사람들도 일제히 고개를 저었다.

호킨스가 말을 이었다.

"여러분은 자신과 똑같은 상황을 겪는 다른 사람들을 마주하고 있었으면서도 아무도 돕지 않았습니다. 다들 혼자 힘으로 해내려고 너무들 기를 쓰고 있는 느낌이었죠."

"원래 다들 그런가요?"

한 사람이 물었다.

"그렇습니다. 그렇기 때문에 우리는 여러분이 생활 방식을 정말 바꾸고 싶을 때는 그 목표를 위해 같이 도움을 주고받을 사람을 구하라고 말합니다. 직장에서든, 가정에서든 상관없이 말이죠. 혼자서 다 바꾸기는 힘들어요. 이 말을 기억하시기 바랍니다."

"

포기하지 않고
계획대로 나아가기 위해서는
나를 아끼는 사람들의 응원이 필요합니다.

"

"확실히 그래요. 다이어트를 해야 하는데 아내가 너무 칼로리 높은 음식을 만들거나 빵, 과자 같은 간식들이 집안 곳곳에 놓여 있으면 아무래도 좀 힘들죠."

"그렇습니다. 그날로 다이어트 망하죠. 그리고 운동을 어느 정도 했고 이제 그만해도 된다고 생각하면 어떤 기분이 들까요?

"원래 자기 모습으로 돌아가겠죠."

"맞습니다. 변화가 시작되고 압박이 사라지고 나면 사람들은 오래된 습관으로 돌아가죠. 다이어트를 할 때는 몸무게가 일시적으로 줄어들지만 그것도 잠깐이에요. 그걸 유지하지 않으면 금방 운동도 그만두고 원래 먹던 대로 먹게 됩니다. 그동안의 노력이 무색하게도, 몸무게까지 예전으로 돌아오죠. 습관을 근본적으로 바꾸지 않는 한 이런 식의 생활이 계속 반복될 겁니다."

'맞아. 나도 가끔 그랬지. 여러 가지를 예리하게 지적해 주고 있어.'

1분 경영자가 생각했다. 호킨스가 말을 이었다.

"변화는 일단 아는 것에서부터 시작합니다. 지식을 얻는 것은 가장 쉽고 돈도 안 들죠. 다이어트 책을 읽거나 저 같은 사람의 이야기를 듣거나 헬스클럽에 등록하는 것 모두가 아는 것이고 지식입니다."

그러자 1분 경영자가 물었다.

"지식과 태도의 차이는 뭘까요?"

"태도는 지식보다 훨씬 바꾸기 힘들죠. 지식에 감정이 더해지는 게 태도이니까요. 우리는 뭔가를 알게 된다 해도 그것을 긍정적으로 느끼기도, 부정적으로 느끼기도 하잖아요? 아까도 이야기했지만, 여러분은 라이프스타일을 개선시키는 일에 대해 굉장히 긍정적인 느낌을 가지고 계세요."

"태도가 정말 지식보다 바꾸기 어려울까요?"

"그렇습니다."

호킨스가 말을 이었다.

"평소 우리는 이런 말을 많이 합니다. '나도 잘 알아요. 하지만…….' '무슨 뜻인지 알아. 그렇지만 내 생각을 바꾸지는 않을 거야.'"

"그렇다면 행동은요? 태도보다 행동을 바꾸는 것이 더 어렵지 않나요?"

한 여성이 물었다.

"아니요, 강제성이 있으면 태도보다 행동을 바꾸는 게 더 쉬울 때도 있어요. 제가 여러분의 상사이고 이렇게 말했다고 해보죠. '이거 하지 않으면 당신은 해고야.' 그러면 긍정적인 태도를 갖기 전에 일단 행동부터 하겠죠."

"강제성이 없으면요? 그때는 행동보다 태도를 바꾸는 게 더 쉽다고 할 수도 있겠죠?"

한 남성이 물었다.

"그렇습니다. 한 가지 예로 담배를 생각해보세요. 담배가 안 좋은 습관이라고 생각하시는 분?"

10명이 손을 들었다.

"알겠습니다. 담배가 자기에게 좋지 않다고 생각하시는 분?"

다시 10명이 손을 들었다.

"여러분 모두 흡연이 건강을 해친다는 사실은 알고 계신 겁니다. 지식이 있는 거죠. 만일 담배를 쉽게 끊을 수 있다면 끊겠다는 분?"

이번에는 7명만 손을 들었다.

"조금 줄었네요. 여러분 중 몇 명은 담배가 나쁘긴 하지만 끊지는 않겠다는 분들이네요. 솔직히 요즘에는 흡연하는 분들도 불쌍하단 생각이 듭니다. 어딜 가나 한 대 피우면서 눈치를 봐야 하고 대놓고 구박을 받잖아요."

그러자 한 남자가 말했다.

"저도 담배를 끊고 싶긴 합니다. 하지만 15년을 피워왔는데 하루아침에 끊는 건 너무 어렵고 잔인한 일이에요. 특히 밥 먹고 난 다음의 담배 한 대, 너무 절실해요."

"맞습니다. 그건 식습관 문제를 갖고 계신 분에게도 똑같이 적용되는 이야기예요."

호킨스가 말했다.

"저는 담배를 피우지 않습니다만 이 웰니스 프로그램에 들어가기 전에 평균 체중에서 10~14킬로그램 정도 더 나갔습니다. 물론 과체중이 심장에도 좋지 않다는 것은 알고 있었고, 살을 뺀다는 것에 대해서도 긍정적인 태도를 갖고 있었죠. 하지만 두 접시 이상 먹지 않으면 뭔가 잘못됐다고 생각하시던 어머니 밑에서 자란 제게는 음식량을 줄이는 게 너무 힘들었습니다."

"무슨 말인지 알겠어요. 저도 2킬로미터 밖에서도 치즈케이크 냄새를 기막히게 맡을 수 있거든요."

한 덩치 큰 남자가 거들었다.

"맞아요."

호킨스는 웃으며 말을 이었다.

"먹는 걸 참기에는 주변에 유혹이 너무 많고 강력하죠. 누군가 강제로 시키지 않는 한 행동을 바꾸기는 정말 어렵습니다. 하지만 심장마비가 한 번 온 다음에는 달라요. 이대로 살 안 빼면 죽을 수도 있겠다 싶죠. 이렇게 위기의식이 오면 하루아침에 먹는 습관을 바꾸기도 합니다."

계획은 쉽고
실천은 어렵다

 호킨스가 태도와 행동 변화에 대해 열띤 목소리로 이야기하고 있는데 한 남자가 끼어들었다.

 "그러면 충분한 지식도 있고 긍정적인 태도를 가지고 있다고 해도, 그것을 행동으로 변환시키는 건 생각보다 어렵다는 말인가요?"

 "그렇습니다."

 호킨스가 말했다.

 "저는 어떤 운동을 해야 중간에 그만두지 않고 그 다음 단계로 넘어갈 수 있을지 잘 모르겠습니다."

"그것도 그렇죠."

호킨스는 남자의 말에 수긍하며, 칠판에 다음과 같이 적었다.

> 사람들은 다음 다이어트나 운동 프로그램을 계획하고 걱정하느라 아주 많은 시간을 투자합니다.
> 그리고 이제 막 시작한 다이어트나 운동을 하는 데는 시간과 노력을 들이지 않습니다.

회사의
미래를 위한 투자

칠판의 글을 읽은 사람들은 모두 무슨 말인지 너무나 잘 안다는 듯이 고개를 끄덕거렸다. 잠시 뒤 호킨스가 다시 말을 이었다.

"하지만 다행인 건 행동 변화를 위해 여러분 혼자 애쓰지 않아도 된다는 점입니다. 직원들의 웰니스에 집중 투자하고 있는 회사가 적극적으로 동참할 예정이니까요. 앞으로 6개월에서 9개월 동안 제가 그룹 또는 일대일로 여러분들과 직접 만나 관리를 해드릴 겁니다. 아마 그 다음에는 예전 습관으로 돌아가는 것이 오히려 더 힘드실 걸요. 라이프스타일의 개선을 위한 이런 연수와 훈련은 단순히 회사가 직원들의 복지를 위해 마련한 것이 아닙니다. 저희가 생각하는 웰니스는 단순히 여러분들의 개인적인 삶을 변화시키는 것에서 한 발 더 나아가 직원들과 회사의 실적을 올려주는 중요한 자산입니다. 저희는 이 라이프스타일 프로그램을 회사의 미래를 위한 일종의 투자라고 보고 있습니다."

호킨스는 강당 뒤쪽을 바라보며 말했다.

"래리, 여기 모인 분들이 웰니스 프로그램에 어떤 태도로 임해야 하는지 설명 부탁드립니다."

암스트롱은 강당 앞으로 나왔다.

"네, 우선 웰니스 프로그램은 강제가 아닙니다. 사람들은 프로그램에 자발적으로 참여하죠. 하지만 저희는 이 프로그램을 통해 얻은 긍정적인 태도가 여러분의 라이프스타일에 꼭 필요한 변화를 이끌어내길 바랍니다. 해도 되고 안 해도 된다는 어설픈 마음으로 프로그램에 참여해서는 안 됩니다. 꼭 해내겠다는 의지를 보여주세요. 결국 여러분의 인생은 여러분이 만들어가는 것이니까요. 물론 여러분은 우리 회사의 미래이기도 하지만요."

호킨스가 말을 받았다.

"좋은 마무리 감사합니다. 다음 주에 한 명씩 따로 미팅을 가질 예정이니 그때 뵙도록 하죠."

사람들이 소지품을 챙겨 일어나려고 할 때 1분 경영자는 암스트롱이 직원 한 명 한 명에게 웃으며 인사하는 모습을 보았다.

'직책이 높은 사람이 연수받으러 온 관리자들에게 저렇게 관심을 쏟고 친절하기 쉽지 않은데.'

그는 생각했다.

마지막 관리자가 떠난 후 암스트롱이 돌아서서 1분 경영자를 손짓으로 불렀다.

"이쪽으로 오세요. 레너드 호킨스 씨를 소개해드리겠습니다."

1분 경영자는 호킨스와 악수를 나누면서 말했다.

"선생님. 초대해주셔서 감사합니다. 덕분에 훌륭한 정보를 얻었어요. 생활 습관을 바꾼다는 게 말은 쉽지만 실천하기는 어렵잖아요. 여기에 와서 제가 그동안 생활 습관을 고치지 못한 이유와 결심한 것을 행동으로 옮기기 위해 해야 할 일도 파악했어요."

"도움이 됐다니 다행입니다."

호킨스가 교수에게 인사를 하며 말했다.

"고맙습니다. 레너드."

암스트롱은 이렇게 말하면서 1분 경영자를 돌아보았다.

"교수님과 함께 제 사무실에 들러서 이야기 나누시죠. 지금 당장 시작하시고 싶지는 않으세요?"

처음 운동을 시작할 때

"제가 딱 그렇습니다."

1분 경영자가 말했다.

"레너드, 다시 한번 감사하단 말씀을 드립니다. 꼭 다시 뵙고 싶군요."

"물론이죠."

호킨스가 웃으며 말했다.

사무실에 도착한 후 암스트롱은 1분 경영자에게 물었다.

"이번 강의에서 가장 도움이 된 건 무엇이었나요?"

"몇 가지 마음에 와 닿는 부분이 있었어요. 특히 새로운 경영 방식을 도입할 때 어려움을 겪는 것처럼 생활 방식을 바꾸는 것도 어렵다는 사실을 알게 되었습니다. 먼저 라이프스타일을 바꾼다는 것은 진짜 헌신과 희생을 의미한다는 것, 그리고 절대로 쉽지 않을 거라는 것, 다른 사람들의 도움이 필요하다는 것, 마지막으로 조직과 가족의 도움이 변화의 시작뿐만 아니라 옛날 습관으로 돌아가는 것을 방지하는 데도 필요하다는 것을 알았죠."

"강의의 메시지를 정확하게 받아들이셨네요. 이제 구체적인 분야로 들어가도 되겠습니다."

교수는 1분 경영자에게 자신이 만든 12개의 건강한 생활 습관 가이드를 건넸다.

"두 분이 말씀을 나누시도록 저는 잠시 자리를 비우겠습니다. 도움이 필요하시면 말씀하세요."

암스트롱이 말했다.

"그러겠습니다."

1분 경영자는 암스트롱과 악수를 나누었다.

"오늘 시간 내주셔서 감사합니다."

암스트롱이 나가자 교수는 1분 경영자를 돌아보며 말했다.

"건강 라이프스타일 가이드에서 이미 하고 계신 6가지 아이템은 뺐어요. 즉, 우리가 처음 이야기할 때 '예스'라고 답하신 것들이에요. 일을 사랑하고 담배를 끊고 술을 줄이는 것, 그리고 이에 긍정적인 사고방식을 갖고 계신 것은 제외했습니다. 혈압과 유대감 부분도 문제없는 편이시고요. 건강 검진을 받으셨으니 혈압은 아시겠죠?"

"네, 135/85더군요. 아직까지 괜찮다는 이야기를 들어서 다행입니다."

"그래도 '하지만'이란 단어를 잊지 마세요. 사장님은 좋은 대인 관계와 사회 관계망을 형성하고 있다고는 했지만 충분히 이용하지 않는다는 것도 인정하셨어요. 앞으로는 주변 분들을 더 잘 챙기고, 또 그분들의 관심과 애정을 이용하셔야 합니다. 레너드의 행동 변화 강의에서 지적한 것처럼요."

"네. 아시겠지만 저는 목록을 보면서 담배를 끊고 술을 마시지 않는 것도 다행이라고 생각했습니다. 이 두 가지만 끊으려고 해도 엄청난 의지가 필요하잖아요."

"그 점은 칭찬 받을 만합니다."

교수가 웃으며 말했다.

"사실 6가지 항목에 예스를 하셨다는 건 건강한 라이프 스타일로 가는 길에 이미 반은 와 있다는 겁니다. 이제는 조금 더 노력해야 할 부분을 살펴봅시다."

"차에 타서 안전벨트를 매는 건 쉬운 일이죠. 그냥 그렇게 하기로 마음만 먹으면 되니까요."

1분 경영자가 말했다.

"그렇습니다. 비행기를 탈 때도 안전벨트를 매는 것은 쉽죠. 스튜어디스들이 일일이 체크해주니까요. 하지만 자동차는 혼자 타듯이, 건강한 라이프스타일로 가는 여정에서도 믿을 건 자신의 결심뿐입니다. 스트레스를 조절하고 매일 밤 6~8시간을 자고 상쾌한 기분으로 일어나는 것도 정기적으로 운동하는 것과 같은 선상에 있는 겁니다. 결국 모든 게 내 의지이고 선택이죠."

"그럼, 처음 운동을 시작할 때는 어떤 운동이 좋을까요?"

"먼저 걷기나 수영이 좋겠죠."

"사실 전 수영을 못해요. 수영은 그냥 물속에서 버둥거리는 것 같아요. 아무래도 전 걷기가 좋겠네요."

"그러시다면 일주일에 4번씩 20~30분간 숨이 차도록 걷는 걸 추천합니다. 30분에 3.2킬로미터 정도는 걸으셔야 해요. 1.6킬로미터를 15분에 걸어야 한다는 뜻이죠. 생각보다 쉽지만은 않아요. 그게 좀 할 만하면 조깅과 자전거 타기를 섞어보세요. 심장이 예전보다 훨씬 더 빨리 뛴다는 것을 느끼실 수 있을 겁니다. 하지만 의사가 한 말을 기억하세요. '몸을 혹사하지 말고 운동하자.'"

"운동에 중독된 친구들을 보면 일주일에 거의 6번씩은 꼬박꼬박 하더군요. 그건 너무 많은가요?"

"운동으로 좋은 효과를 보려면 일주일에 서너 번이면 충분하다는 것만 기억하면 괜찮습니다. 건강을 위해서보다는 다른 이유로 뭔가를 더 하는 것, 이를테면 매일 가치 있고 경쟁적이지 않은 뭔가를 한다는 건 정신 건강에 도움이 되거든요. 또 단거리 마라톤 같은 운동 경기에 나가기 위해서

나 지금보다 더 좋은 몸 상태를 만들기 위해서라면 괜찮죠. 하지만 지금은 일주일에 서너 번 정도 빠르게 걷기부터 시작하는 것이 좋습니다."

"유연성과 근력 운동은요?"

"YMCA나 헬스클럽에서 일주일에 두세 번 정도 전문 강사의 도움을 받으면서 유연성과 근력 기르기 운동을 해보세요. 하지만 제가 제안하는 최소한의 운동은 일어났다 앉았다 10번과 팔굽혀펴기 10번, 무릎을 가슴에 붙이고 30초 정도 있다가 떼는 정도입니다. 기억하세요. 이걸 하루에 몇 번씩은 반복해야 합니다."

"제 몸무게는 어떻습니까?"

"키가 180센티미터면 평균 80~83킬로그램 정도가 정상입니다. 그런데 지금 107킬로그램이니 25킬로그램은 빼셔야 합니다. 적지 않죠. 하지만 식생활 관리와 운동을 함께 하면 6개월에서 1년 사이에 평균 몸무게로 감량할 수 있습니다."

"꾸준하게 하는 걸 추천하시는군요."

"그렇습니다."

교수가 말했다.

"진정한 생활 습관 변화는 절대 하루아침에 일어나지 않아요."

"제 식생활은 어떨까요? 상식선에서 접근하라고 했는데, 저는 사실 간단한 게 좋거든요. 그래서 아침에는 과일이나 무설탕 시리얼을 먹고, 점심은 잡곡이나 보리로 만든 가벼운 샌드위치에 오일이나 비네가 드레싱이 들어간 샐러드를 곁들여 먹고, 저녁으로는 생선이나 치킨에 샐러드나 브라운 라이스를 먹을까 하는데요."

"아주 훌륭한 식단이군요. 하지만 설탕, 소금, 계란, 버터, 우유뿐 아니라 치즈나 붉은 살코기를 완전히 끊지 않으셔도 됩니다. 절제와 중용이 중요해요. 하지만 이런 음식들은 일주일에 두 번 이상 섭취하지 않도록 주의하세요. 입이 심심하면 샐러리나 당근, 과일을 드시면 좋고요. 또 이런 시스템이 계속 유지되려면 하루에 물은 최소 6잔 이상 드시는 게 좋습니다."

1분 경영자는 웃기 시작했다. 그러자 교수가 물었다.

"뭐가 그렇게 재미있으세요?"

"'물' 때문에요. 예전에 조니 카슨 쇼에서 물 많이 마시기를 강조하는 다이어트 전문가가 나왔거든요. 그 전문가가 자기의 다이어트를 따르는 사람들이 왜 살이 빠지는지 아느냐고 하더군요. 한 시간이 멀다 하고 화장실을 들락날락 하니까 그렇대요."

두 사람은 기분 좋게 웃었다.

1분 경영자,
실천을 꾀하다

교수가 1분 경영자에게 물었다.

"또 질문 있나요?"

"아니요. 다 좋습니다. 이제 시작만 하면 되겠어요. 해리 트루먼 대통령도 이렇게 말했잖아요. '모든 책임은 내가 진다'고요."

"그럼요. 그러면 앞으로 자주 연락을 드리겠습니다."

교수가 일어나서 1분 경영자와 악수를 했다.

"제가 먼저 연락하겠습니다. 절 이끌어주셔서 감사합니다."

1분 경영자는 집으로 가는 길에 헬스클럽 몇 군데와

YMCA에 들려 시설을 둘러보고 직원들과 피트니스 프로그램에 대해서도 이야기해보았다.

그는 집에 와서도 오늘 있었던 일을 앨리스와 아이들에게 이야기했다. 가족들의 적극적인 도움과 지지를 바탕으로 그는 체중 감량과 운동 계획을 세울 수 있었다.

1분 경영자가 시도한 첫 번째 일은 매주 몸무게와 운동 시간을 기록하는 그래프를 만든 것이었다. 첫 3개월간의 몸무게 그래프는 다음과 같았다.

몸무게

| 107 |
| 106 |
| 104 |
| 103 |
| 102 |
| 100 |
| 98 |
| 97 |
| 96 |
| 95 |
| 94 |
| 93 |

1 2 3 4 5 6 7 8 9 10 11 12 주

또 그는 매주 30분 빨리 걷기 횟수와 헬스클럽에 간 횟수를 기록하는 그래프도 만들었다. 그런 다음 앞서 검진 받은 의사와 몇 가지를 더 의논하고 건강한 라이프스타일 프로그램의 두 가지 분야, 즉 몸무게 감량과 운동 목표를 세웠다. 그의 키에 이상적인 몸무게는 80~83킬로그램이었지만 첫 3개월 동안은 95킬로그램까지만 빼기로 했다. 현재 107킬로그램이므로 일주일에 1킬로그램 정도 빼는 것이었다.

1분 경영자는 목표를 달성하기 위해 교수와 함께 의논한 식생활 프로그램을 서서히 실천에 옮겼다. 아침에 과일이나 무설탕 시리얼만 먹는 것은 쉬워 보였다. 사실 그는 평소에도 아침을 잘 차려 먹는 스타일이 아니었다. 가끔 근처 레스토랑에서 브런치를 먹을 때만 소시지와 계란과 팬 케이크를 먹고 우유를 몇 잔 마시곤 했다.

하지만 점심으로 점보 치즈버거에 프라이를 즐겨 먹던 그에게 점심 다이어트는 조금 힘들었다. 사실 처음에는 샐러드가 전혀 당기지 않지만 언젠가 정말 샐러드를 좋아하게 되어 마치 토끼의 점심 같은 온갖 풀들의 진정한 맛을 알아가길 바랐다.

"문제는 저녁입니다."

1분 경영자는 이를 인정했다. 보통 두툼한 스테이크에 기름기가 좔좔 흐르는 로스트비프를 메인으로, 버터를 발라 구운 포테이토와 약간의 야채를 곁들이고 온갖 종류의 빵과 버터를 푸짐하게 먹어주는 것이 하루의 클라이맥스였다. 물론 여기에는 디저트도 빠지지 않았다.

그는 하루 종일 열심히 땀 흘려 일했으니 이렇게 맛있고 푸짐한 저녁 식사를 먹을 자격이 있다고 생각했다. 하지만 그가 하는 일이란 것이 몸이 아니라 머리로만 하는 일이라 땀을 흘리지 않았다는 생각은 하지 못했다.

1분 경영자는 이렇게 저녁을 잘 먹은 다음에도, 잠들기 바로 직전 출출할 때는 파이 한 조각이나 샌드위치 같은 간식을 꺼내 먹곤 했었다. 이 생각에 이르자 후회와 죄책감마저 들었다. 심지어 그는 큰 잔으로 우유를 가득 따라서 함께 먹었던 것이다.

그가 자신의 다이어트에 가장 도움이 되리라 기대한 것은 물 마시기였다. 특히 밥 먹기 전에 물을 한 잔 마시면 어떻게 될지 궁금했다. 그전에는 한 번도 해본 적이 없었기 때문이다.

"입맛이 좀 떨어지지 않을까? 양이 줄지 않을까? 그러면 저지방 식사를 더 쉽게 할 수 있을 거야."

몇 주 후 1분 경영자의 목표는 식탁에서 소금이나 설탕이나 버터를 더 추가하지 않는 것이 되었다. 그런 다음에는 계란 섭취를 줄였고, 아침에 고기나 치즈를 먹지 않고 저녁으로 붉은 고기를 일주일에 두 번 이상 먹지 않았다. 또한 정기적으로 술을 마시는 것도 아주 가끔씩 와인을 한 잔 마시는 것으로 바꾸었다. 그보다 더 많이 먹었을 때는 과식이고 과음이었다.

운동의 최종 목표는 일주일에 적어도 5번 45분 동안 빠르게 걷는 것이었다. 날씨 때문에 걷지 못하면 헬스클럽에서 자전거를 타기로 했다. 교수와 의사는 이렇게 말했다.

"일주일에 세 번만 해도 충분합니다."

하지만 1분 경영자는 5번으로 하고 싶었다. 교수에게 배웠듯이 자신의 몸 상태를 위해 시간을 더 많이 낼수록 그에 따라 자율성, 유대감, 균형감도 좋아질 거라 생각했기 때문이다.

그래서 처음에는 매일 같이 10~20분 동안만 걷다가, 점차 시간을 늘려 일주일에 5번 30분 동안 걸었다. 그 후에는 45~60분 동안 걷기로 했다. 운동 시간을 기록하고 점차 스피드를 늘려서 한 시간에 6.5킬로미터는 거뜬히 걸을 수 있도록 계획했다.

또한 그는 워킹이 조금 지겨워지면 약간의 조깅을 더하기로 결정했다. 사무실까지 갈 때도 4, 5층 정도는 엘리베이터를 타지 않고 걸어 올라가기로 했다. 밖에서 음식을 사 먹게 되면 일부러 사무실에서 두세 블록 떨어진 식당을 잡아서 걸어가기로 했다.

곧 그의 신조는 '몸으로 일하기, 몸으로 생각하기'가 되었다. 그는 직원들에게 자기 사무실로 오라고 하거나 전화로 용건을 말하기보다는 직원들의 사무실을 직접 찾아가 이야기를 나누기로 했다. 이 계획의 장점은 회사와 직원들을 '직접 관리' 할 수 있다는 것이었다.

그는 일주일에 두 번씩 헬스클럽에서 유연성과 근력 트레이닝을 받기로 했다. 일단 수업을 들으러 클럽에 갔다가 다른 운동 기구들도 이용하고 가끔 라켓볼이나 농구도 할 생각이었다.

코치를 받아라

 문득 매년 1월 1일이면 수첩에 적어보곤 하던 새해 결심이 떠올랐다.

 "계획 하나는 치밀하게 잘 세웠죠. 하지만 끝까지 제대로 해낸 적은 거의 없었어요."

 1분 경영자가 이 이야기를 전하자 교수는 코치를 구하는 것이 어떻겠냐고 조언했다. 교수는 그가 양심적으로 프로그램을 계속 하고 있는지 솔직하게 말할 수 있는 사람으로, 동료나 친구, 또는 가족이면 좋겠지만 그보다 전문적인 사람이 코치로 적합하다고 말했다. 그러면서 그가 등록한 헬스클럽의 직원인 존 터너를 적극 추천해주었다. 교수는 말했다.

"그 헬스클럽의 장점은 바로 존 같은 전문 코치에게 계속 코칭을 받을 수 있다는 겁니다. 그에게 전화해서 사장님과 함께 일할 수 있는지 알아보죠."

바로 그날로 존 터너는 1분 경영자와 함께 프로그램을 진행하기로 했다. 그는 가장 먼저 1분 경영자에게 아트 터록(Art Turock)의 《게팅 피지컬(Getting Physical)》이란 책자를 주었다.

"이 책을 읽어보시면 제가 하는 코치라는 일이 단순히 어떤 운동을 어떻게 해야 한다고 말해주는 것만이 아니라는 것을 알게 되실 겁니다. 그런 건 이미 교수님과 의사선생님이 하셨을 테니까요. 저는 그 다음 단계인 '말한 대로 살기'를 도와주는 일을 하죠."

"말한 대로 살기라고요?"

1분 경영자가 되물었다.

"그렇습니다. 이야기를 해보니까 사장님의 신조는 아마 이것일 것 같아요."

> 말만 하지 말고 실행하라.
> 그것이 변화를 만든다.

터너가 말을 이었다.

"말로 선언하는 게 남에게 하는 약속이라면, 실행은 자기 자신에게 하는 약속이에요. 일주일에 두 번만 고기를 먹고 5번 운동하겠다고 결심했다면, 반드시 그 횟수를 지켜야 합니다. 살을 빼려면 몇 가지 다이어트를 해야 한다고 생각하세요?"

"글쎄요. 한 가지만 제대로 하면 되지 않을까요?"

1분 경영자가 말했다.

"맞아요. 그러면 심장박동 수를 늘리고 만족할 만한 수준까지 건강과 몸을 회복시키려면 몇 가지 운동이 필요할까요?"

"그것도 한 가지만 제대로 하면 되지 않을까요?"

"제가 하는 일이 바로 그겁니다. 사장님께서 한 가지만 제대로 하도록 돕는 거예요. 이제 저와 일주일에 세 번은 전화나 미팅을 하게 될 겁니다. 운동을 시작한 첫날에는 매주의 식습관과 운동 목표를 정할 거예요. 저는 언제나 두 가지 목표를 세우려고 합니다. 하나는 '어떤 일이 있어도'라는 목표고, 다른 하나는 '타깃' 목표예요. '어떤 일이 있어도' 목표란 최소한의 목표로, 말 그대로 어떤 일이 있어도 반드시 달성해야 하는 목표죠. '타깃' 목표는 달성했을 때 기분이 최고가 될 아주 이상적인 목표를 말합니다."

"두 번째 미팅은 그 주의 중간에 하나요? 이때부터는 본격적인 피드백이 시작되겠네요?"

1분 경영자가 물었다.

"그렇죠. 그때는 상황을 보면서 칭찬할 수도 있고, 제가 몇 마디 기분 나쁘지 않게 나무랄 수도 있고, 방향을 다시 잡을 수도 있습니다."

피드백은
챔피언의 아침이다

"그러면 마지막 미팅은 한 주가 끝날 때 하면 좋겠네요."

1분 경영자가 제안했다.

"그때는 한 주를 평가하고 다음 주의 목표를 같이 세우게 되나요? 굉장히 자주 연락을 하고 만나게 되겠네요. 하지만 그러한 철저한 감독이 지금 저한테는 꼭 필요합니다."

"그런데 그거 아세요?"

터너가 물었다.

"뭘요?"

"만약 저의 감시가 크게 필요 없다는 것을 보여주시면, 다시 말해 계획을 알아서 실행에 잘 옮기시면 주 중의 미팅을 줄여갈 생각입니다."

"그것도 좋은 방법이네요."

새로운 코치의 도움으로 1분 경영자는 가족과 친구, 그리고 다른 이들과 함께 어떻게 목표를 달성할 수 있을지에 대해서 의논했다.

1분 경영자는 모두에게 그가 잘 해냈을 때 한마디라도 칭찬을 해주면 큰 도움이 될 것 같다고 말했다. 자신이 제대로 잘 해내고 있다는 칭찬을 들으면 그것만으로 용기백배하여 더욱 열심히 할 것이라고 말이다. 만약 규칙을 어기는 것을 보게 되면, 즉 칼로리 높은 디저트를 주문하거나 염분이나 설탕이 많이 든 간식을 먹는 것을 들키게 되면, 그 자리에서 바로 지적해달라고 부탁했다. 그리고 그들이 그 행동에 대해서 어떻게 생각하는지, 어떻게 하는 것이 좋을지도 말해달라고 했다. 그것은 매우 중요하다. 왜냐하면 그는 다음과 같은 사실을 알았기 때문이다.

> 피드백은 챔피언의 아침이다.
> 그 자리에서 칭찬하자.
> 그 자리에서 지적하자.

가족들은 칼로리 높은 간식거리들을 눈에 띄는 곳에 놓지 않기로 했고, 아이들도 아빠 앞에서 아무거나 먹지 않기로 했다. 앨리스는 아침마다 과일과 야채를 준비해주기로 했다. 1분 경영자는 계획을 지키기 위해 집과 사무실에 그래프를 그려 붙여두었다. 다른 사람 앞에서 이 그래프에 매번 표시를 하는 것을 일종의 의식으로 삼으면서 스스로에게 하루 한 번씩 '참 잘했어요'라고 칭찬하며 별표를 주는 것이다.

존 터너와 일주일에 세 번씩 만나는 것 외에도 1분 경영자는 한 달에 한 번 래리 암스트롱을 만나고, 교수와는 몇 차례 더 만나기로 했다. 대학교 캠퍼스 안에서도 걷기 운동을 하기로 해서 교수를 수시로 만날 수 있었다.

한편 1분 경영자는 계획대로 3개월을 마치면 스스로에게 어떤 선물을 할까 생각했다. 가족들은 1분 경영자가 오래 전부터 갖고 싶어 했던 골프 세트를 사주기로 했다.

이런 세세한 부분까지 계획을 세우고 나니 기분이 좋아지고 몸도 가뿐해진 것 같았다. 이제껏 새해 결심은 숱하게 해봤지만 이 정도까지 세부적인 계획을 짜고 실천에 옮긴 적은 없었다. 그는 이제 꼭 이겨야만 하는, 이길 것이 틀림없는 게임을 앞에 두고 있는 것이다. 모두가 그의 목표를 알고 있다. 그 목표 달성을 위한 도움과 지원 시스템도 자리를 잡았고, 그의 건강과 생활이 개선되었을 때 어떤 이득이 있는지도 모두 알고 있다. 그는 이제 '출동' 할 준비만 하면 되는 것이다.

고독한 운동,
무너지는 다이어트

 준비 작업이 모두 끝나자 1분 경영자는 본격적인 실천 단계에 들어갔다. 그가 결심에 결심을 했다고 해도 그건 쉽지 않았다. 아침에 이불을 박차고 일어나 워킹화를 신는 것보다는 침대에서 몇 분 정도 뭉그적거리는 것이 누가 뭐래도 더 좋았기 때문이다. 그리고 운동복을 입고 헉헉거리며 걷는 모습을 이웃 사람들에게 보여주는 것도 부끄러웠다. 그들은 아마 환하게 웃으며 그에게 아는 척을 할지도 모른다. 그는 다른 사람들이 자신을 보고 뭐라고 생각할지 자꾸만 걱정하고 있는 자신을 발견했다. 이 모든 것을 다 견뎌

내야 한다고 생각은 하고 있었지만 말이다. 사실 정말 두려운 것은 시도 때도 없이 동네를 어슬렁거리는 개들이었다. 하지만 놀랍게도 그 개들은 생각했던 것보다 훨씬 더 온순했다.

헬스클럽에 처음 갔을 때의 느낌도 평생 잊지 못할 것이다. 문을 열고 들어간 순간 모두가 그의 볼록 튀어나온 배만 쳐다보는 것만 같았다. 마치 발가벗은 기분이었다. 하지만 그는 숨을 한 번 깊게 들이마신 뒤 그곳을 지나갔다.

1분 경영자는 헬스장의 가장 구석에 서서 사람들을 둘러보며 생각했다.

'저렇게 날씬하고 근육이 탄탄한 사람들이 이런 데는 왜 오는 거야?'

하지만 열등감은 지금부터가 시작이었다. 강사의 지도에 따라 사람들이 스트레칭을 시작했다. 그는 팔이 무릎까지도 닿지 않는 자신을 거울로 바라보며 정말 쥐구멍에라도 숨고 싶은 심정이었다. 이렇게 45분을 어떻게 버틸지 앞이 깜깜했다.

수업이 끝났을 때 1분 경영자는 가까스로 살아남았지만 땀이 비 오듯 흐르고 있었다. 그의 티셔츠는 땀범벅이 되었고, 얼굴은 빨갛게 달아올랐으며, 근육이 몹시 쑤셨다. 샤워를 하고 돌아갈 때도 발 한 걸음 떼기가 어려웠다. 다리를 차 안에 집어넣는 것마저도 고역이었다. 그는 누가 뭐래도 몸을 혹사시켰지 몸을 훈련시킨 것이 아니었다. 또 차에 타자 이 세상에 혼자라는, 이 모든 것을 혼자 이겨내야 한다는 고독한 기분이 들었다. 래리 암스트롱의 변화 연습에서 느꼈던 그 느낌이 다시 이 첫 번째 운동에서 그대로 살아나 그를 괴롭혔다.

운동도 죽을 만큼 힘들었지만 식습관 조절도 그에 못지 않았다. 그는 그동안 자신이 라디오나 텔레비전, 또는 거리에서 얼마나 많은 광고를 보고 있었는지, 그리고 그 모든 광고 속 제품들이 대부분 그의 건강에 해가 되는 먹을거리들이었다는 것을 깨달았다. 가장 힘든 것은 예전처럼 야밤에 부엌에 가서 뭔가 먹을 것을 꺼내가지고는 '이거 먹으면 안 되는데' 하면서도 손을 쪽쪽 빨며 맛있게 먹는 '야식 탐

힘'을 할 수 없다는 것이었다. 이제 1분 경영자는 밤에 출출해서 잠이 안 오면 야채나 과일 바구니 쪽으로 손을 뻗어야 했다. 게다가 술을 끊는 것도 생각보다 힘들었다. 그는 사실 주위 사람들에게 말했던 것보다 많이 마시고 있었던 것이다. 그는 피트니스 코치인 존 터너와 술에 대해서 나눈 대화를 잊지 않았다.

"술 마시는 사람들과 같이 있을 때도 적게 마시려고 노력해야 합니다. 가능한 와인 한 잔으로 끝내거나 오렌지주스에 클럽 소다를 섞은 것으로 대체하세요. 이번 주에 그게 가능하시겠습니까?"

"이번 주는 좀 어려울 것 같습니다."

1분 경영자가 대답했다.

"이번 주에 전 직장 동료와 오랜 친구들이 사흘 동안 저희 집에 머물기로 했어요. 아마 밤마다 맥주 파티를 하겠죠. 이번 주에는 조금은 마셔야 될 것 같습니다."

자신의 변명을 이겨라

터너가 1분 경영자의 말을 막으며 단호하게 말했다.

"잠깐만요. 그냥 편리한 대로 하시겠다는 말씀이세요? 저는 그게 강한 결심이라고 들리지 않네요. 진짜 결심하고 헌신하는 사람들은 핑계가 없습니다. 자꾸 이런저런 이유나 변명을 갖다 대기 시작하면 점점 더 본인 편의에 따라 움직이게 될 것입니다."

"그럴까요."

1분 경영자가 약간 주눅 든 목소리로 말했다.

"그러면 그 사람들이 오렌지주스와 클럽 소다로 건배하

는 저한테 적응해야겠네요."

 매주 이런 식의 상담을 한 덕분에 1분 경영자는 별 문제 없이 계획대로 진행해나갈 수 있었고, 이런저런 변명을 대면서 완전히 프로그램을 포기하는 일을 막을 수 있었다. 사실 예전에는 이 핑계 저 핑계를 대면서 운동을 그만두는 것이 그의 전형적인 패턴이었다. 한 일주일 동안 운동하고 먹는 것도 조절하다가 '빅맥의 무차별적인 공격'을 받고 눈에 보이는 모든 걸 먹어치우곤 했다. 한 가지가 어긋나면 또 다른 한 가지를 어기게 되었고, 그러면 쉽게 다른 것들도 어기게 되었다. 그러고는 지금은 살을 뺄 시기가 아니라는 말로 포장을 하며 넘어가는 것이다.

 운동을 며칠 잘 하다가도 비가 오면 비 핑계를 대며 침대에서 꾸물거리기 일쑤였다. 하지만 이번에는 달랐다. 존 터너와 가족과 친구와 직장 동료까지 모두 여기에 관여하고 있어서 한 번만 빠져도 그들 앞에서 해명을 해야 하니 차마 그럴 수가 없었다. 한번은 밤 10시에 동네 편의점에 월스트리트저널을 사러 갔다가 그 옆 식당에서 치즈버거와 프라이와 블루베리 파이에 우유 세 잔을 먹은 일이 있었다. 집에 오자 예전 패턴을 잘 알고 있는 앨리스가 어디에 갔다 왔느냐고 물었다. 그가 솔직하게 털어놓자, 그녀는 이렇게 말했다. "이 프로그램 계속할 거예요, 말 거예요?" 1분 경영자는 그저 '예스'라고 대답할 수밖에 없었다. 하지만 앨리스는 그를 다독이며 더 잘할 수 있다고 용기를 주었고, 그는 한 번 정도 먹고 싶은 것을 먹는 게 아내를 광분하게 만들지는 않는다는 것을 알았다.

1분 경영자는 그래프가 원하던 방향으로 움직이는 것을 보는 것도, 그러면서 모두에게 '잘했어요'라고 칭찬받는 것도 좋았다. 12주가 지나자 그의 몸무게는 93킬로그램으로 줄었다. 목표보다 2킬로그램 정도가 부족했다. 원래는 45분 동안은 빠른 걸음을 걷는 데는 크게 문제가 없었다. 주말에는 한 시간 동안 걷기도 했다. 그 시간 안에 목표치인 6.5킬로미터를 걷지는 못했지만 자기 자신에 대한 느낌은 훨씬 더 좋아졌다.

30

1분 경영자,
드디어 해내다

 석 달 전에 자율성, 균형감, 유대감, 건강 상태가 어느 정도의 조화를 이루었는지 생각해보면, 1분 경영자는 그때에 비해 지금 훨씬 좋아진 느낌이었다. 매일 시간을 내어 운동하고 탄력을 증진시켜서 **건강 상태**가 보다 좋아졌을 뿐 아니라 에너지가 더 많이 생기면서 자기 삶을 조절할 수 있을 것 같은 **자율성**이 크게 늘어난 것이다. 또 그렇게 하기 위해 건강한 식습관도 유지했다. 음식을 선택할 때는 항상 스스로 선택을 해야 했는데, 다행히 이제는 안 좋은 음식보다는 몸에 좋은 음식을 선택하는 횟수가 더 많아졌다. 매일 자신을 위해 시간을 내다 보니 자신을 돌아볼 기회도 많아져서 삶을 보다 넓은 관점에서 바라보게 되었고, 생활의 **균형감**도 다시 찾게 되었다. 가족들은 같이 하고 싶은 일들에 대해서 이야기하기 시작했고, 미래를 꿈꾸며 계획을 세웠다. 그는 작고 하찮은 일들에 그리 영향을 받지 않게 되었으며, 주변 사람들에 대해서도 더 많이 참고 입장을 바꾸어 생각해보는 여유가 생겨 **유대감**도 좋아졌다. 그는 자신과의 약속을 지켰고, 그 결과는 그에게 고스란히 돌아왔다.

더 만족스러운 점은 주변의 다른 사람들에게 아주 긍정적인 영향을 미쳤다는 점이다. 그는 기회가 있을 때마다 사람들과 건강을 위해 노력하는 것이 생활의 균형감을 찾고 스트레스의 부정적인 영향을 감소시키는 데 얼마나 중요한지 이야기했다.

1분 경영자는 결혼한 큰딸 신디를 찾아갔다. 당시 딸은 임신 8개월로 첫아이가 태어나길 기다리고 있었다. 딸은 남편 앨런과 결혼한 후 2년 동안 해왔던 중학교 교사직을 얼마 전 그만두고 집에서 쉬고 있었다. 1분 경영자가 신체의 건강 상태와 생활의 균형에 대해서 이야기하자 딸은 무척 관심을 보였다. 딸은 수첩에 몇 가지를 받아 적기도 했다. 그래서 두 달 후 건강한 아들 지미가 태어났다.

"아빠, 몇 달 전 아빠와 이야기하고 나서 제 우울증이 얼마나 나아졌는지 꼭 이야기하고 싶었어요. 날씨가 점점 좋아지는데도 그전까지는 답답하고 우울한 기분에서 벗어날 수가 없었거든요. 아이가 생긴다는 기대가 있긴 했지만 생활의 균형이라는 면에서는 형편없었죠. 또 **자율성**도 거의 바닥이었고요. 지미가 태어나고부터는 24시간 지미한테 묶여 있는 기분이었어요. 뭘 하려고 해도 지미가 울거나 보채기 시작했으니까요. 지미가 태어난 다음 주변 사람들에게 받은 선물에 감사 카드도 못 쓰고 있었거든요.

유대감이란 면에서 저는 지미와 징글징글할 정도로 끈끈한 유대감을 쌓고 있죠. 세상에서 제일 귀엽고 예쁜 내 새끼니까요. 하지만 예쁜 건 예쁜 거고, 아직 아이와 대화를 할 수는 없잖아요. 또 앨런은 요즘 회사에서 너무 바빠서 집에 거의 없어요. 일찍 결혼해서인지 아직은 아이가 있는 친구들도 없고요. 다들 일하고 있어서 연락하기도 힘들고 공감대도 없어요. 그러니까 지미가 어떤 재롱을 피웠는지, 내가 무얼 하며 보냈는지, 힘든 건 뭐고 기쁜 건 뭔지 이야기할 사람이 없어요.

그리고 **균형감**에 대해서는요. 아이를 낳고 키우는 이 시기가 나중에 돌아보면 얼마나 축복된 나날인지 알아요. 또 지금처럼 하루 종일 육아에 매달리는 것이 영원히 지속되지 않는다는 것도 잘 알고요. 몇 년 후면 지미도 커서 어린이집도 다니고 유치원도 가게 될 테니까요. 그러면 또 둘째를 낳겠죠. 그렇게 한 5, 6년이 흘러가겠네요.

그리고 **건강 상태**에 대해서는요. 그냥 잊어버릴래요. 제 생애 최고의 몸무게예요. 아직까지 임신했을 때 입던 옷을 입어야 할 판이라니까요.

그런데 얼마 전부터 에어로빅 교실에 다니게 됐다는 말씀을 드리려고 아빠에게 전화했어요. 어느 순간 제 생활을 돌아보니 아빠랑 했던 대화가 생각나더라고요. 이 뒤죽박죽된 생활을 바꾸는 방법은 아빠가 말한 대로 제 건강 상태를 개선시키는 방법밖에 없겠더라고요.

 그래서 어제 에어로빅 교실에 등록했어요. 헬스클럽 안에 육아 도우미가 있어서 제가 운동할 동안에는 지미를 맡길 수 있더라고요. 그리고 아빠, 등록만 했는데도 벌써 기분이 훨씬 좋아진 거 있죠. 옷도 제대로 챙겨 입고 일주일에 세 번씩 집 밖에 나간다는 것만으로도 자율성을 되찾은 것 같아요. 그리고 저와 비슷하게 아이를 키우는 엄마들을 만날 수도 있고, 친구로 사귀면서 유대감도 늘어가겠죠. 균형감이 벌써 생기고 있어요. 앨런은 제 기분의 변화를 알아챈 것 같아요. 사실 지난밤에는 아이를 재워놓고 오랜만에 제대로 된 대화를 좀 나누었어요. 그리고 지금 우리의 삶이나 앞으로의 인생에 대해서도 많은 이야기를 나누었답니다. 감사해요, 아빠. 모두 아빠 덕분이에요."

 그는 흥분한 딸의 목소리를 들으며 미소를 지었다. 딸이 자신의 삶이 되는대로 흘러가게 놔두지 않고 자리에서 일어나 적극적으로 관리하기로 했다는 말이 너무 듣기 좋았다.

 딸의 전화만으로는 부족했던 듯, 가장 오래되고 절친한

친구인 행크 반스에게서도 전화가 왔다. 행크는 뉴욕에 살고 있는 성공한 금융 애널리스트다. 사실 그는 살이 찌는 체질이 아니어서 당당히 운동과는 담을 쌓고 살았었다. 하지만 한 달 전에 만났을 때 행크의 모습은 그리 좋아 보이지 않았다. 1분 경영자처럼 성공이 그를 조금씩 갉아먹기 시작한 것이다. 사실 같이 점심을 먹는 한 시간 동안 행크는 5번이나 일 때문에 걸려온 전화를 받아야 했다. 겨우 그와 눈을 마주치고 제대로 된 대화를 나누기 시작했을 때 1분 경영자는 교수와의 만남과 운동을 시작한 계기, 생활의 균형감을 찾기 위해 요즘 무엇을 하고 있는지 말할 수 있었다. 사실 행크는 그다지 감동받는 것 같지는 않았다. 그런 그에게서 전화가 온 것이다.

"우리가 같이 점심 먹을 때 내가 자네 말을 별로 귀담아 듣는 것 같지 않았지? 건강 상태를 개선하려고 노력했더니 삶의 질이 전반적으로 좋아졌다는 이야기 말이야."

행크가 말했다.

"그런데 사실 난 그때 자네의 말이 굉장히 인상적이었

어. 그리고 자네와의 대화가 자극이 되어 내 생활에도 변화가 생겼다네. 내가 운동을 얼마나 싫어했는지 알지? 그런데 2주 전에 드디어 매일 운동 하나를 하기로 했지. 브루클린 브리지를 도보로 건너서 집으로 오기로 한 거야. 매일 6킬로미터 정도를 걷게 된 거지. 그런데 단지 그것 하나만으로도 정말 많은 게 달라지더군. 기분도 그렇고 몸이 너무 가벼워졌어. 그 운동 덕분에 숨 막히는 지하철에서도 해방됐지! 이제 하루에 한 번 45분 동안 지하철 안에서 고문받는 대신 많이 걷고, 5분 정도만 버스를 타기로 했어. 이렇게 하니까 내가 내 시간을 조절하고 있다는 생각이 들더군. 사소한 것들도 그냥 넘길 수 있는 여유도 생겼다네. 사실 어제 비서가 그러는데, 사람들이 다들 내가 어딘가 이상해졌다고 말한대. '반스 씨한테 무슨 일 있나?'라면서 요즘 굉장히 평화롭고 안정되어 보인다고 말하더라는 거야. 이제 혼자만의 시간을 갖게 되니까 내 삶에 대해서 사색을 하게 되더라고. 이 모든 게 다 운동을 시작해서야. 자네 덕분이지. 정말 고마워."

1분 경영자는 전화를 끊으면서 활짝 웃었다. 다른 사람들도 건강과 운동에 관심을 갖고 자기 생활을 주체적으로 조절하도록 도움을 주었다는 생각에 뿌듯해졌다. 그래서 그는 지금 하고 있는 운동과 식생활 프로그램에 더욱 열성을 보이게 되었다.

그는 예전 습관으로 돌아가지 않고 계속 이대로 운동을 계속해서 80에서 83킬로그램이 될 때까지 살을 빼기로 했다. 그리고 교수와 의사를 만나 새로운 3개월 계획을 짰다. 이번에는 가족이나 친구나 동료, 코치인 존 터너의 도움이 예전만큼 중요하게 느껴지지는 않았다. 그래서 그는 터너에게 말했다.

"처음에는 운동이 밀린 숙제처럼 느껴지기도 했죠. 하지만 이제 점점 재미가 생기네요. 운동이 생활의 일부처럼 느껴지고요. 식사량을 줄이는 것도 훨씬 쉬워졌어요."

터너가 웃었다.

"맞아요. 하기 싫은 일을 해야 할 때는 실천이 쉽지 않죠. 뭐든 좋아서 하면 누가 시키지 않아도 하게 되어 있어요."

스스로 코치가 되기

"맞아요. 사실 언제나 살을 빼고는 싶었죠. 하지만 그동안은 꾸준한 운동과 다이어트는 힘들 거라고 핑계를 많이도 만들어냈습니다. 주로 시간이 없다는 핑계였죠. 하지만 이번에 시도를 해보니 그 시간은 늘 있었고 얼마든지 활용이 가능하다는 것이 증명되었어요. 정작 제게 없었던 것은 의지뿐이었지요."

"그렇죠. 또 느낀 점이 없을까요?"

터너가 말했다.

"첫 번째 미팅 때 저한테 하셨던 말이 계속 맴돌더군요.

나 자신과의 약속에는 중간이 없다는 것. 지키거나 지키지 못하거나 둘 중 하나죠. 좋은 결과를 얻고 싶으면 무언가를 해야 합니다. 어떤 변수가 있더라도 빼먹지 말고, 중간에 그만두지 말아야죠. 물론 도저히 안 되겠다 싶으면 방식을 바꿔야죠. 스케줄이 너무 자주 바뀌어서 현실적으로 운동할 수 있는 시간이 없다 해도 시간을 어떻게든 내서 운동을 해야 합니다. 과식하거나 과음하고 싶은 유혹이 있어도 이겨내야 하고요."

"이제 사장님이 사장님 코치가 되신 것 같네요."

터너가 자랑스럽다는 듯이 말했다.

"네. 다시 시작할 준비가 됐습니다."

1분 경영자는 말했다.

건강하고 멋진 인생을 전파하라

3개월 후 1분 경영자는 회사 차원에서도 직원들의 건강을 위해 여러 가지 새로운 접근을 해보기로 했다. 프로그레시브보험, 스틸케이스UAW/GM, 제록스 같은 유명한 기업들이 회사 내에 수백만 달러의 운동 시설을 설치하고 풀타임 전문 강사를 고용하는 사례도 살펴보았고, 중소기업들이 도입하는 적은 예산의 건강 프로그램(1인당 2달러 미만의)들도 주시했다.

중소기업의 프로그램에도 생활 습관 분석이나 세미나, 월간 뉴스레터, 게시판 디스플레이, 회사 주최의 마라톤 같은 다양한 건강 증진 프로그램이 마련되어 있었다.

중소기업을 경영하고 있는 1분 경영자는 래리 암스트롱처럼 소자본과 소규모의 건강 증진 프로그램부터 도입하기로 했다. 래리와 교수가 많은 도움을 주었다. 이들은 1분 경영자의 성공을 너무나 자랑스러워했고, 회사의 건강 프로그램 역시 성공할 것이라는 것을 알고 있었다. 그리고 실제로 그랬다.

1분 경영자는 건강이 삶의 질 향상에 어떤 관계가 있는지 6개월 동안 직원들을 관찰했다. 그가 그랬듯이 사람들의 표정은 더 밝아졌고 몸도 가벼워 보였다. 사람들은 더 나은 라이프스타일을 추구했고, 그에 따라 에너지와 열정이 커져갔다. 개인적인 생활의 균형감을 찾으면서 일에서 비롯되는 스트레스와 압박감도 더 잘 대처할 수 있게 되었다. 그리고 결국 얼마 후에 필연적인 결과가 나타났다. 일을 더 잘하기 시작한 것이다. 일이 능률이 높아지니 당연히 성과도 높아졌다. 결근뿐 아니라 이직도 줄어들었으며 직원들의 건강보험료와 의료비도 현저히 낮아졌다. 회사에게도, 직원들에게도 이득인 윈-윈 프로그램이었다. 회사에서 직원들의 건강을 위해 실질적인 노력을 한다는 것은 직원을 진심으로 배려한다는 것을 의미했고, 직원들은 그 보답으로 회사에 더 충성했다.

이후 1분 경영자는 강연하러 갈 때마다 사람들에게 이렇게 말하기 시작했다.

> 스트레스를 주는 것들이 너무 많은 세상입니다.
> 내가 내 힘으로 할 수 있는 것이 별로 없는 것 같죠.
> 하지만 단 하나,
> 내 건강과 내 생활 방식만은 내가 조절할 수 있습니다.
> 그리고 그렇게 했을 때 그 사람과 조직은
> 긍정적인 변화를 겪게 됩니다.

KI신서 3373

켄 블랜차드의 행복한 1분 경영 노트
멋진 인생의 조건

1판 1쇄 인쇄 2011년 5월 6일
1판 1쇄 발행 2011년 5월 13일

지은이 켄 블랜차드, D. W. 에딩턴, 마조리 블랜차드 **옮긴이** 노지양
펴낸이 김영곤 **펴낸곳** (주)북이십일 21세기북스
출판콘텐츠사업부문장 정성진 **출판개발본부장** 김성수 **경제경영팀장** 류혜정
책임편집 박의성 **해외기획** 김준수 조민정
마케팅영업본부장 최창규 **영업** 이경희 우세웅 박민형 **마케팅** 김보미 김현유 강서영
출판등록 2000년 5월 6일 제10-1965호
주소 (우 413-756) 경기도 파주시 교하읍 문발리 파주출판문화정보산업단지 518-3
대표전화 031-955-2100 **팩스** 031-955-2151
이메일 book21@book21.co.kr **홈페이지** www.book21.com
21세기북스 트위터 @21cbook **블로그** b.book21.com

ISBN 978-89-509-3129-2 13320
책값은 뒤표지에 있습니다.

이 책 내용의 일부 또는 전부를 재사용하려면 반드시 (주)북이십일의 동의를 얻어야 합니다.
잘못 만들어진 책은 구입하신 서점에서 교환해 드립니다.